어린이
문화 교실

문화 교실

ⓒ 김기동, 허현경 2014

초판 1쇄 발행 2014년 1월 10일 | **초판 2쇄 발행** 2015년 9월 4일
글 김기동 | **그림** 허현경
펴낸이 이기섭 | **책임편집** 박상육 | **기획편집** 염미희 최연희 신은선 | **디자인** 나비
마케팅 조재성 정윤성 한성진 정영은 박신영 | **관리** 김미란 장혜정
펴낸곳 한겨레출판(주) www.hanibook.co.kr | **주소** 서울시 마포구 공덕동 116-25 한겨레신문사 4층
전화 02-6383-1602~3 | **팩스** 02-6383-1610 | **출판등록** 2006년 1월 4일 제313-2006-00003호
ISBN 978-89-8431-758-1 73300

- 값은 뒤표지에 있습니다.
- 이 책의 일부 또는 전부를 재사용하려면 반드시 저작권자와 한겨레출판(주) 양측의 동의를 얻어야 합니다.
- 이 책의 사진 자료는 국립중앙박물관, 아프리카예술박물관, 화산이씨 종친회, PhotoPin, 박상육의 도움을 받았습니다.
이 책에 사용한 사진 중 저작권자를 찾지 못하여 게재 허락을 받지 못한 사진에 대해서는 저작권자가 확인되는 대로 허락을 받고 통상의 기준에 따라 사용료를 지불하겠습니다.

어린이 문화 교실

김기동 글 · 허현경 그림

한겨레아이들

차례

1부 인류가 지나온 발자취, 문화

두 발로 걷는 원숭이 10
한반도에 첫발을 내디딘 사람들 16
우리는 한 민족이 아니다 20
베트남 왕자 리롱뜨엉 24

2부 백 가지 얼굴, 천 가지 색깔

인사법은 달라도 마음은 하나 30
숟가락, 젓가락, 포크 36
모자를 바라보는 백 가지 시선 48
죽은 이를 떠나보내는 방법 52

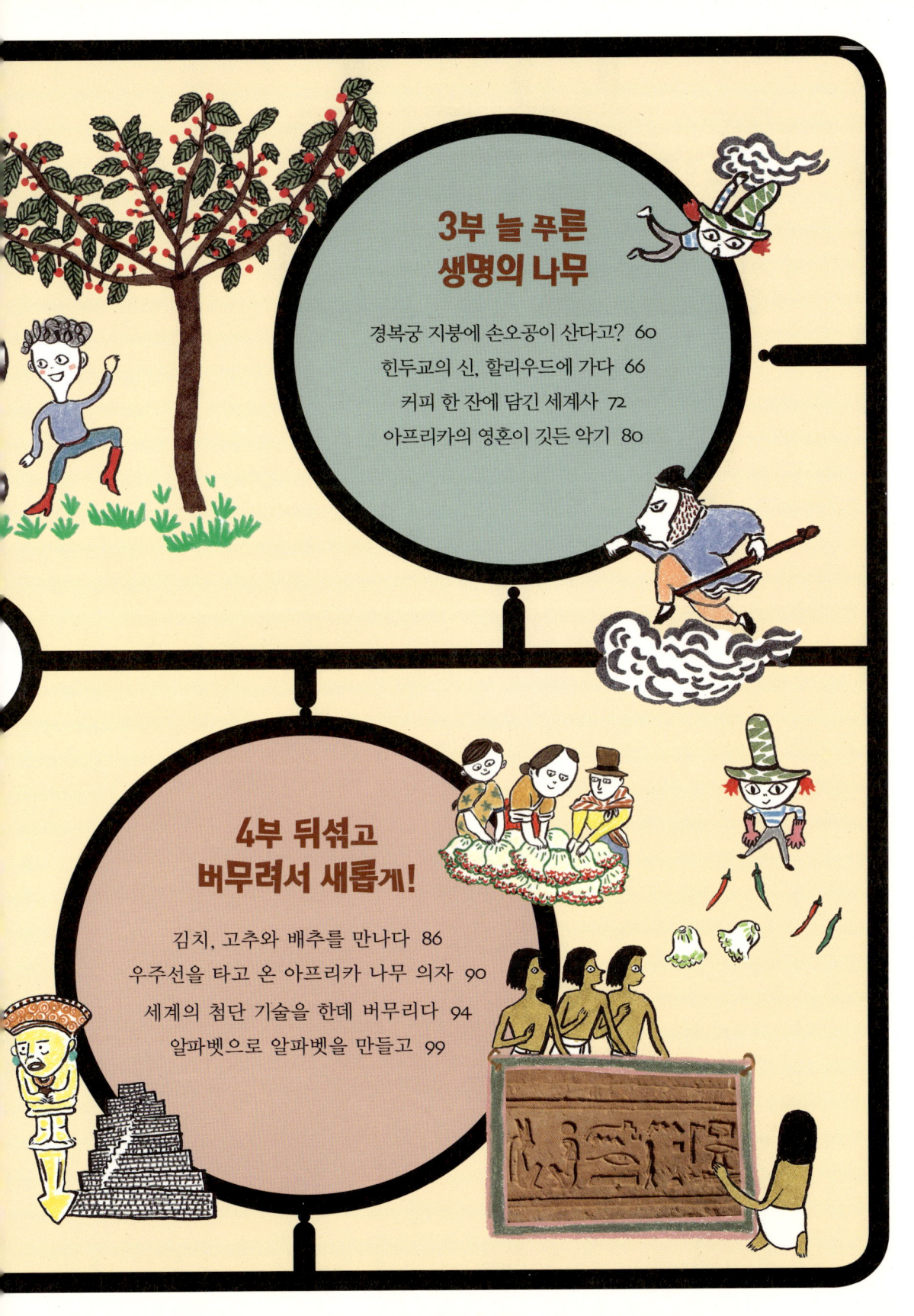

3부 늘 푸른 생명의 나무

경복궁 지붕에 손오공이 산다고? 60
힌두교의 신, 할리우드에 가다 66
커피 한 잔에 담긴 세계사 72
아프리카의 영혼이 깃든 악기 80

4부 뒤섞고 버무려서 새롭게!

김치, 고추와 배추를 만나다 86
우주선을 타고 온 아프리카 나무 의자 90
세계의 첨단 기술을 한데 버무리다 94
알파벳으로 알파벳을 만들고 99

문화의 주인으로 살아가려면

사람들은 아주 오랜 옛날부터 지구마을 곳곳에 흩어져 살아 왔어요. 사람들의 생활 모습은 시대마다 지역마다 달라요. 왜냐하면 그들이 살아 온 곳의 날씨와 땅과 생활환경이 저마다 다르기 때문이에요. 우리가 사는 한반도도 마찬가지예요. 70만 년 전쯤 원시 인류가 뿌리를 내린 뒤로 이곳에 살아 온 사람들은 줄곧 우리 민족만의 문화를 일구어 왔지요. 그래서 우리는 다른 나라 사람들과 생김새도, 먹는 음식도, 입는 옷도, 생활하는 모습도 아주 달라요.

예를 들어 우리는 젓가락과 숟가락을 사용하여 밥을 먹어요. 숟가락 젓가락을 동시에 사용하는 '수저 문화'는 우리나라 말고는 없어요. 또 우리는 고유한 말과 문자를 지니고 있어요. 이 밖에도 세계 어디에 내놓아도 뒤처질 게 없는 빼어난 문화유산을 지니고 있어요. 이쯤 되면 어깨를 으쓱하며 자랑할 만해요.

그런데 몇몇 사람들은 자랑이 너무 지나쳐서, 우리 민족이 단일한 핏줄을 이어 왔으며, 우리 문화가 세계 으뜸이라고 주장하기도 해요. 이 주장에는 유난히 '세계 최고' '세계 유일'이라는 수식어가 많이 들어가 있지요.

하지만 이 세상 어디에도 저 홀로 생겨난 문화는 없어요. 인류는 살아남기 위해 끊임없이 움직이면서 생활해 왔어요. 먹이를 찾아 이동하던 원시시대는 물론이고, 농사를 지으며 정착한 뒤에도 물건과 사람과 정보를 서로 주고받았어요. 이웃 나라를 오간 것은 말할 것도 없고, 죽음의 사막과 폭풍의 바다를 건너기도 했어요. 그러면서 한 문화는 이웃 문화와 자연스레 뒤섞였어요. 물론 우

리나라 문화도 마찬가지예요.

  교통과 정보통신이 발달한 오늘날, 세계는 과거와 견줄 수 없을 만큼 빠르게 문물과 문화를 교환해요. 아프리카 사람들이 살아가는 모습도 속속들이 볼 수 있고, 아메리카에서 키운 농산물이 곧장 우리 식탁에 오르기도 하지요. 이제 지구마을은 한 가족이나 다름없어요. 그에 따라 우리 생활 모습도 하루가 다르게 바뀌고 있고요. 그러다 보니 한편으로는 우리의 고유한 문화가 사라지는 게 아닐까 걱정되기도 해요.

  하지만 돌이켜 보면 문화는 서로 다른 모습을 띠다가도 어느새 한데 뒤섞이면서 새로이 바뀌어 왔어요. 오늘날에는 그 변화의 속도가 좀 더 빨라졌을 뿐이고요. 그러니 지레 움츠러들기보다는 적극적으로 받아들여서 우리에 맞게 잘 버무려 내는 게 필요해요. 새로운 문화를 마주하려면, 먼저 그 문화가 어떻게 생겨나서 움직여 왔는지 알아야겠죠? 그래야 함부로 깔보거나 우러러보지 않고 균형감 있게 받아들일 수 있으니까요.

  이 책에서는 우리나라와 세계의 다양한 문화 이야기를 들려줄 거예요. 시대와 지역에 따라 문화가 어떻게 달라지는지, 한 지역의 문화가 어떤 길을 거쳐 세계로 퍼져 나가는지, 서로 다른 문화가 만나 어떻게 새로운 문화를 만드는지도 함께 알아볼 거예요. 이 책이 어린이 여러분을 넓고 깊은 문화의 바다로 안내할 수 있기를 바랍니다.

유쾌한 문화 안내자를 꿈꾸며
김기동

한국인의 생김새에는 어떤 공통점이 있어요. 또 생활하는 모습도 비슷해요. 그래서 우리는 스스로를 단일한 핏줄과 문화를 지닌 '한민족'이라고 말해요.

그런데 최근에 우리나라에서 사는 외국인들이 부쩍 많아졌어요. 외국인들은 생김새도, 먹는 음식도, 입는 옷도, 생활하는 모습도 달라요. 그래서 몇몇 사람들은 외국인이 한민족의 핏줄과 문화를 해친다고 걱정하곤 해요.

하지만 어떤 민족과 국가도 저 혼자 외떨어져 생겨날 수는 없어요. 인류는 이동하고 정착하기를 되풀이하면서, 끊임없이 서로 영향을 주고받아 왔어요. 그래야 살아남을 수 있으니까요. 이 과정에서 문화도 뒤섞이고 흩어지면서 새롭게 생겨났어요. 오늘날에는 그 속도가 좀 더 빨라졌고요. 1부에서는 인류가 왜 끝없이 이동했는지, 한반도에서는 인류가 언제 처음 살게 되었는지, 또 이곳에 살던 사람들은 다른 민족과 어떻게 뒤섞였는지 자세히 알아보기로 해요.

이걸 통해 오늘날 우리가 외국인과 외국 문화를 어떻게 마주할지 배울 수 있을 거예요.

두 발로 걷는 원숭이

맨 처음 두 발로 걷다

1925년, 남아프리카 보츠와나의 채석장에서 오래된 머리뼈가 발견되었어요. 400~700만 년 전 화석 뼈였어요. 어린 유인원의 뼈처럼 생겨서 '남쪽의 원숭이'라는 뜻으로 '오스트랄로피테쿠스'라고 이름 붙였지요. 그런데 이 뼈를 꼼꼼히 살펴보니, 이빨이나 턱뼈 같은 게 원숭이와는 좀 달랐어요. 고고학자들은 이 뼈 화석이 어쩌면 최초로 두 발로 걸은 인류의 조상일지도 모른다고 생각했어요.

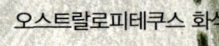
오스트랄로피테쿠스 화석

물론 반대 의견도 만만치 않았죠. 뇌의 용량이나 코뼈 같은 부분은 원숭이와 닮은 점도 많았거든요. 그러다가 1978년 동아프리카 탄자니아에서 오스트랄로피테쿠스의 머리뼈와 두 발로 걸은 발자국 화석이 함께 발견되었어요. 사람들은 비로소 오스트랄로피테쿠스가 유인원과 구별되는 첫 인류라는 사실을 확신했어요.

두 발로 걷게 된 인류는 손으로 도구를 자유롭게 사용하면서 두뇌도 발달해 갔어요. 160만 년 전쯤 등장한 호모 에렉투스는 돌을 잘 다듬어 창이나 도끼 같은 무기를 만들었고, 불을 다뤘으며, 아주 간단한 언어도 썼을 거라고 해요. 호모 에렉투스는 아프리카를 벗어나 유럽과 아시아로 널리 퍼져 나갔어요. 그런데 호모 에렉투스는 어느 시기를 지나며 모두 사라져 버렸어요. 그렇다면 오늘날 우리의 직접적인 조상은 언제 나타났을까요?

살아남기 위한 선택, 이동

현재 지구마을에 살고 있는 인류의 직접 조상을 '현생 인류'라고 해요. 현생 인류는 우리와 똑같은 유전자를 가지고 있지요. 현생 인류도 역시 아프리카에서 처음 태어났어요. 1921년, 중앙아프리카 잠비아에서 머리뼈와 몸을 이루는 갖가지 뼈

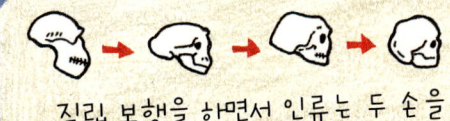

직립 보행을 하면서 인류는 두 손을 자유롭게 쓸 수 있게 되었어요. 도구로 동물을 좀 더 손쉽게 사냥하면서, 단백질을 많이 섭취한 인간의 뇌는 빠르게 발달했어요.

화석이 발견되었어요. 18~26만 년 전쯤 땅속에 묻힌 이 뼈는 이전의 인류와 아주 달랐어요. 머리 모양이 둥글고, 뇌 용량이 크고, 턱뼈와 이빨이 작고, 입 부분이 쏙 들어가서 옆에서 본 얼굴 선이 곧게 바뀌었어요. 또 다리뼈도 한결 길어지고 척주뼈도 곧추선 모양이었어요. 드디어 우리의 직접 조상, 호모 사피엔스(지혜로운 사람)가 나타난 거죠.

호모 사피엔스는 처음에 아프리카 남부 지역에서 살았어요. 아프리카 대륙 가운데에는 사하라사막이 있어서 다른 곳으로 이동할 수 없었어요. 그런데 14만 년 전부터 지구 기후가 크게 바뀌었어요. 사하라사막에 비가 내리더니 12만 년 전쯤에는 풀과 나무가 자라나 숲을 이루었어요. 이 틈을 타서 일부 무리는 아프리카 북쪽으로, 다른 무리는 서남아시아 지역으로 퍼져 나갔어요.

당시 호모 사피엔스는 농사를 지어서 식량을 얻는 방법을 알지 못했어요. 그러니 열매를 따 먹거나 사냥을 해서 배를 채워야 했어요. 하지만 그마저 쉽지 않았어요. 겨울이면 풀과 열매는 사라져 버렸고, 이렇다 할 사냥 도구가 없으니 오히려 맹수의 사냥감이 되기 십상이었어요. 그러니 한곳에 머물러 살 수 없었어요. 위험이 없는 곳, 먹이가 많은 곳, 따뜻한 곳을 찾아 늘 움직여 다녀야 했어요.

환경에 따라 바뀐 피부색과 생김새

아프리카를 벗어나면서, 인류는 새로운 자연환경에 맞닥뜨립니다. 아프리카는 날씨가 덥고 햇빛이 아주 강했어요. 강한 햇빛에는 그만큼 많은 자외선이 들어 있어요. 자외선을 많이 쐬면 피부가 상할 뿐만 아니라 건강도 나빠지지요. 그래서 최초 인류의 피부에는 자외선을 효과적으로 막아 주는 검은색 멜라닌 세포가 많았어요. 검은색 피부는 오랜 세대를 거치며 유전으로 남겨졌답니다. 그래서 아프리카 초기 인류는 흑인종이었지요.

그런데 새로 터전을 잡은 서남아시아는 햇빛도 아프리카만큼 강렬하지 않고, 사계절이 순환했습니다. 그러니 피부색이 아주 검을 필요가 없었어요. 사람들 피부는 황갈색으로 서서히 바뀌었어요. 황인종이 생겨난 거지요.

시간이 흐른 뒤, 서남아시아에 살던 현생 인류는 크게 세 방향으로 움직여 갑니다. 한 무리는 동남쪽으로, 한 무리는 동북쪽으로, 나머지 한 무리는 서쪽으로.

──── 현생 인류의 이동 경로

동남쪽으로 간 무리는 인도를 거쳐 태평양 바닷가와 섬을 따라 먼 여행을 떠납니다. 그들 가운데 누구는 오스트레일리아에 최초로 다다랐고, 또 누구는 아시아 대륙의 바닷가와 섬에 삶의 터전을 마련했어요.

동북쪽으로 이동하던 무리는 시베리아 지역에 다다랐을 때 빙하기와 만납니다.

그러지 않아도 추운 시베리아에서 빙하기를 만났으니 이를 어쩌나요. 그들은 매서운 눈보라와 영하 70도에 이르는 혹독한 추위를 견뎌야 했어요. 그러다 보니 생김새도 바뀌었어요. 추운 공기에 덜 노출되게끔 콧대가 납작해졌어요. 또 얼음과 눈에서 반사되는 햇빛으로부터 눈을 보호하기 위해 광대뼈가 튀어나오고 눈도 가늘어졌어요. 매서운 환경에 맞서 생김새까지 바꾸면서 살아남은 이 종족이 바로 몽골로이드입니다.

날씨가 조금씩 따뜻해지자, 몽골로이드는 다시 남쪽과 동쪽으로 터전을 넓혀 갔어요. 남쪽으로 내려간 무리는 중앙아시아, 중국, 한반도, 일본 지역에 둥지를 틀었어요. 또 동쪽으로 간 무리는 1만 5천 년 전쯤에 아메리카 대륙으로 건너갔어요. 그때만 해도 두 대륙은 얼음 땅으로 이어져 있어 있어서 걸어서 건널 수 있었지요. 몽골로이드는 아메리카 대륙을 발견한 최초의 인류였답니다.

한편, 서남아시아에서 서쪽으로 이동한 무

리는 4만 년 전쯤에 유럽에 다다랐어요. 유럽의 날씨는 이전 지역과 또 달랐어요. 날씨가 서늘하고, 숲이 우거지고, 햇빛이 아주 약했어요. 사람은 적당한 양의 햇볕을 쬐지 못하면 영양소를 만들지 못해요. 그래서 좀 더 많은 햇빛을 받아들이기 위해 피부색이 점점 하얗게 바뀌었어요. 백인종이 생겨난 거죠.

이렇게 해서 인류는 크게 흑인종, 황인종, 백인종으로 나뉘었어요. 이건 대체로 그렇다는 얘기고, 한 명 한 명 따지고 보면 세 피부색이 뒤섞여 어느 한 인종으로 구분하기 어려운 경우가 많아요. 그래서 많은 인류학자들이 인류를 세 인종으로 구분하는 걸 반대하기도 해요. 어떤 인종이건, 지구마을 사람들의 유전자를 거슬러 올라가면 15만 년 전 아프리카에서 살던 인류 최초의 조상을 만날 수 있답니다.

수십만 년 이동과 정착을 되풀이하면서, 인류는 피부와 생김새뿐만 아니라 생활 모습도 크게 바뀌었어요. 인류는 점점 정교한 사냥 도구를 만들고, 농사를 짓고, 가축을 기르고, 식량을 저장해서 겨울을 견뎠어요. 그러면서 어느 정도 계획적이고 안정적인 생활을 누릴 수 있었어요. 이제 사람들은 삶과 죽음에 대해 생각하고, 개인과 사회에 필요한 질서와 규칙을 만들고, 노래와 춤으로 자기 감정을 표현했어요. 아주 원시적인 모습이기는 하지만, 문화의 씨앗이 움트기 시작한 거예요.

한반도에 첫발을 내디딘 사람들

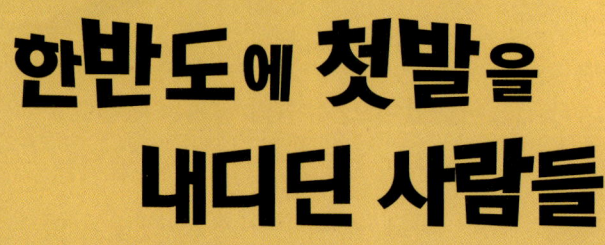

한반도에 인류가 첫발을 내디딘 날

한반도에는 언제부터 사람이 살기 시작했을까요? 고고학자들은 한반도에는 70만 년 전부터 두 발로 걷는 인류(호모 에렉투스)가 살았다고 해요. 두 발로 걷는 이들 종족은 구석기 문화를 이루며 살아가지요. 그런데 어느 순간, 호모 에렉투스는 자취를 감추고 말았어요. 그들이 왜 사라졌는지는 아직도 수수께끼로 남아 있어요. 자연환경이나 질병 때문이거나, 새롭게 나타난 현생 인류(호모 사피엔스)의 사냥감이 되었을 수도 있다고 해요.

한반도 구석기 인류가 사용했던
돌도끼(경기도 연천 출토)

현생 인류는 2만5천 년 전쯤에 한반도에 첫발을 내디뎠어요. 시베리아에 살던 그들은 중국과 한반도, 일본 같은 따뜻한 남쪽으로 내려왔어요. 바로 몽골로이드였답니다.

한편 서남아시아에서 바다를 따라 이동하던 종족들 가운데 일부도 한반도로 이동해 왔어요. 북쪽과 남쪽에서 온 몽골로이드 무리는 저마다 한반도에 뿌리를 내리고 자손을 퍼트렸어요. 이들 두 종족이 바로 우리의 직접 조상이랍니다.

당시에는 서해가 육지였어. 일본과도 연결되어 있었고.

북방 민족과 남방 민족의 한반도 유입 경로

북방계와 남방계가 만나 생겨난 민족

앞서 한반도로 두 종족이 이동해 왔다고 했죠? 시베리아에서 내려온 종족을 북방계 몽골로이드, 아시아 서남쪽에서 건너온 종족을 남방계 몽골로이드라고 해요. 북방계와 남방계는 모습이 비슷하지만 다른 점도 많아요.

북방계는 얼굴이 타원형으로 비교적 길쭉해요. 그리고 눈썹이 흐리고 눈이 가늘고 쌍꺼풀이 없어요. 코는 낮고 조금 길면서 입술은 가늘게 생겼지요. 남방계는 얼굴이 네모지거나 동그랗게 생겼어요. 그리고 눈썹이 짙고 눈이 크고 쌍꺼풀이 있어요. 코는 넓고 입술이 두텁지요.

그럼 여러분 얼굴은 남방계인가요, 북방계인가요? 아마, 열에 아홉은 확실하게 대답하기 힘들걸요. 얼굴 형태는 어느 정도 구분할 수 있지만, 부분을 하나하나 뜯어보면 북방계와 남방계를 구분하기 힘들어요.

그럴 수밖에요. 2만 년 넘게 남방계와 북방계가 한반도에서 서로 어울려 살았잖아요. 이처럼 우리나라 사람은 북방계와 남방계 몽골로이드 얼굴 모습을 모두 조금씩 가지고 있어요. 우리 몸 안에 적어도 두 종족의 피가 흐르고 있다는 뜻이에요.

모든 민족은 이웃 민족과 뒤섞일 수밖에 없어.

한반도에 터전을 잡은 북방 민족과 남방 민족은 저마다 독특한 문화를 지니고 있었어요. 북방계는 주로 유목 생활을 했으며, 동물이나 사물을 신성시(토테미즘과 샤머니즘)했어요. 빗살무늬토기, 솟대, 신라 금관 등이 북방 문화의 흔적이에요. 이에 견주어 남방계는 주로 농사를 짓고, 결혼이나 제사를 중요시했어요. 고인돌, 알에서 사람이 태어난 이야기(난생설화) 들에서 남방 문화의 영향을 엿볼 수 있죠. 두 문화는 오랜 세월 한데 어우러져 우리 전통문화의 뿌리가 되었어요.

북방 문화 빗살무늬토기

남방 문화 고인돌

이제 거울 앞에 서 보세요.
여러분은 한민족의
얼굴을 하고 있나요?
북방계와 남방계 중
어느 쪽에 가까운가요? 어딘가
모르게 다른 민족의 얼굴 형태가
엿보이지 않나요?
중요한 건 저마다 다른 얼굴이
모여 하나의 민족과 사회와
문화를 이룬다는
사실이에요.

넌 나랑 달라 보여!

비슷한 면도 많이 있는데?

내가 보기엔 다 똑같은데, 뭘. 멍멍!

우리는 한 민족이 아니다

맨 처음 할아버지는 누구?

몽골로이드는 한반도 곳곳으로 퍼져 여러 부족을 이루었어요. 기원전 2,500년경에는 청동기 부족, 고조선이 생겨났어요. 단군 신화에 따르면 하늘 신의 아들과 곰 사이에서 태어난 단군이 고조선을 다스렸다고 해요. 신화학자들은 이걸 하늘을 섬기는 부족과 곰을 신성시하는 부족이 중심이 되어 고조선을 세운 이야기로 풀이하기도 해요. 고조선은 중국의 철기 문화와 한자를 받아들이면서 한층 더 발달합니다. 이때부터 지도층에서 성씨를 쓰기 시작했고요. 드디어 친족이라는 울타리가 생겨난 거죠.

참고로 우리나라에는 김씨, 이씨, 박씨를 비롯한 270여 개 성씨가 있어요. 그런데 친족 울타리를 기록한 족보 가운데는 종종 흥미로운 내용이 눈에 띄어요. 맨 처음 할아버지가 다른 나라에서 태어나 우리나라로 이사 왔다는 거예요. 여기에 따르면 270여 개 성씨 가운데 140여 개 성씨의 맨 처음 할아버지가 외국 사람이래요. 무려 반절이 넘는 성씨가 외국인 할아버지로부터 시작되었다니, 놀랍지 않나요?

사실 이건 한반도만의 특별한 현상은 아니에요. 세계 모든 민족이 이웃 민족과 관계를 주고받으면서 살게 마련이죠. 한반도 역시 여느 지구마을처럼 아주 자연스러운 일이 일어났던 것뿐이고요.

우리 몸에는 외국인의 피가 흐른다

맨 처음 외국인 할아버지들은 언제 우리나라로 이사 왔을까요? 삼국시대에 40여 개, 고려시대에 60여 개, 조선시대에 30여 개 외국인 성씨가 새로 생겨났지요. 우리나라 성씨를 받았다는 건, 우리나라 사람으로 인정받았다는 얘기죠. 이런 사람들을 '귀화인'이라고 해요. 외국인이 귀화인이 되기는 참 어려워요. 오랫동안 우리 땅에 머물러 살아야 하고, 우리말도 어느 정도 해

신라 왕의 무덤 옆 서역인 모습 석상
(경북 경주시)

야 하고, 우리 문화와 관습도 받아들여야 해요.

따라서 위에 밝힌 성씨보다 훨씬 많은 외국인들이 우리나라로 건너와서 살았을 거예요. 물론 그중에는 귀화인으로 자리 잡지 못한 사람들도, 자손들에

게 성씨를 물려주지 못한 여성들도 많았을 테고요. 《삼국유사》에도 인도에서 건너와 가야 김수로왕과 결혼한 허황후 이야기가 나오지요. 이렇게 따져 보면 우리나라 사람의 절반 정도에 귀화인의 피가 섞여 있다고 해요.

그렇게 많은 귀화인의 자손을 왜 요즘에 볼 수 없냐고요? 대대로 우리나라 사람

허황후 전설이 깃든 돌탑과 무덤(경남 김해).

과 결혼하면서 외국인 모습이 사라졌기 때문이지요. 아니, '한반도 원주민'과 '외국인'이 만나서 오늘날 '한국인'의 얼굴 모습을 이루었다고 말하는 게 더 정확하겠네요.

하나 더, 최근 우리나라는 일본과 사이가 그리 좋지 않아요. 근대에 우리나라를 강제로 다스리고도 뉘우치지 않아서죠. 그래서 우리나라 사람들은 일본과 어떤 식으로라도 엮이는 걸 싫어해요. 하지만 인류 이동 경로를 보면, 일본 원주민은 한반도에서 건너간 몽골로이드예요. 같은 뿌리를 둔 민족이라는 뜻이죠. 바다를 사이에 두고 있지만, 가장 가까운 나라이고 형제나 다름없으니 선사시대부터 교류가 끊이지 않았어요. 따라서 그저 외면할 게 아니라 일본 문화도 찬찬히 들여다봐야 해요. 그래야 잘잘못을 제대로 짚을 수 있겠죠?

베트남 왕자 리롱뜨엉

배를 타고 온 낯선 사람들

1226년 어느 날, 낯선 배 몇 척이 옹진반도 화산(오늘날 황해도 금천)에 도착했어요. 배에서 내린 사람들은 생김새도 말도 아주 낯설었어요. 다행히 무리를 이끄는 젊은이는 한자를 아주 잘 썼어요. 당시에 우리나라는 고려시대였는데, 고려 사람들도 한자를 사용했지요. 양쪽은 한자를 써서 이야기를 주고받았어요. 젊은이는 그들이 중국 남쪽에 있는 나라 안남(오늘날 베트남)에서 왔다고 했어요. 그리고 자기가 리 왕조의 왕자 '리롱뜨엉'이라고 했어요.

리롱뜨엉과 베트남 사람들은 왜 배에 몸을 싣고 머나먼 고려까지 온 걸까요?

1,200년경 베트남은 리 왕조 시대였어요. 리롱뜨엉은 리 왕조 6대 왕의 둘째

아들이었어요. 그런데 리 왕조 아래에서 세력을 키운 호족과 신하들이 반란을 일으켰어요. 그 와중에 리 왕조 가문 사람들은 대부분 죽었고, 리 왕조는 결국 멸망하고 말았어요. 불행 중 다행히 리롱뜨엉은 배를 타고 베트남을 탈출할 수 있었어요. 리롱뜨엉은 오랫동안 죽을 고비를 넘기며 바다를 떠돌다가 옹진반도에 다다랐던 거예요.

고려 사람 이용상

리롱뜨엉은 서해를 건너던 중에 해적들이 고려 사람들을 잡아 가는 걸 보고 구해 줬다고 해요. 그 덕분인지 리롱뜨엉은 고려에서 큰 환영을 받았어요. 또 고려 임금 고종은 우리나라 성씨와 이름을 내려 줬어요. 그때부터 베트남 왕자 리롱뜨엉은 '화산 이씨' 성에 '용상'이라는 이름의 고려 사람이 되었답니다.

고려는 국제 교류가 가장 활발했어요. 그만큼 다른 나라 문물과 외국인에 대한 포용력도 컸지요. 그렇더라도 안남국 사람은 아주 낯설었을 거예요. 리롱뜨엉을 본 고려 사람들은 어떤 마음이었을까요?

　화산 이씨의 첫 조상이 된 거죠.

　그런데 이용상이 고려 생활이 익숙해질 무렵, 몽골 군대가 고려를 침략했어요. 이용상은 고려 사람들과 힘을 합쳐 몽골 군대와 싸웠어요. 이용상이 고려를 위해 목숨을 걸고 싸운 건 놀라운 일이에요.

　외국인 처지에서 보자면, 다른 나라가 위기에 빠진들 자기와 무슨 상관이 있겠어요. 괜히 화를 입을까 싶어 몸을 피할 수도 있었지요. 하지만 이용상은 그러지 않았어요. 아마 오갈 데 없는 자신을 받아 준 고려에 은혜를 갚으려고 그랬을 거예요. 어쩌면 이미 스스로를 고려 사람이라고 생각했기 때문일 수도 있지요. 어쨌거나 그 뒤로 화산 이씨 가문은 대대로 자손을 퍼트리며 어엿한 우리나라 사람으로 살아가고 있어요.

리 왕조 후손과 화산 이씨 사이

현재 남한에는 화산 이씨 후손이 1,700명쯤 있어요. 화산 이씨가 처음 자리 잡은 곳이 황해도 화산이기 때문에 북한에는 더 많은 후손들이 살고 있다고 해요. 그런데 지난 1992년에 한국과 베트남 사이에 외교 관계를 맺으면서, 화산 이씨는 베트남에서 크게 주목을 받았어요. 대가 끊겼던 왕족의 후손이 살아 돌아온 셈이니 베트남 사람들이 얼마나 기뻤을지 짐작이 가지요? 그해, 이용상의 36대 후손이 베트남 정부의 초청으로 처음 베트남을 방문했을 때 수많은 시민들이 환영행사 자리에 참석했어요. 또 베트남에 도착해서 리 왕조 사당에서 제사를 지내기까지 과정을 텔레비전에서 방송하기도 했지요. 지금도 화산 이씨 후손들은 해마다 베트남을 방문하여 리 왕조 사당에서 제사를 지낸답니다.

여기서 잠깐! 그럼 오늘날 화산 이씨 자손들은 어느 나라 사람일까요? 당연히 한국인이죠. 우리가 흔히 이야기하는 한민족과는 다른 핏줄을 지녔지만, 한국인으로 자연스레 살아가고 있어요. 나아가 그들을 한민족이라는 울타리 안에 넣지 않을 이유도 없고요. 이렇듯 민족이라는 개념은 고정된 게 아니고, 끊임없이 뒤섞이면서 바뀌고 있답니다.

리 왕조 사당에서 종묘 제사를 지낸 화산 이씨 후손들(베트남 하노이, 2005년)

다른 나라 사람은 우리와 다른 생활 모습을 띠고 있어요.
왜 이런 차이가 생겼을까요?
그건 사람들이 살아온 내력과 생활 습관이 지역마다 시대마다 특색을 지니고 있기 때문이에요. 그러니까 음식을 먹는 도구에도, 인사법에도 그 나라의 역사와 문화가 스며들어 있는 거죠.
그래서 우리와 다른 생활 모습이 이상하게 보일 때도 있지요.
세계의 여러 문화가 서로 다르다는 사실을 받아들이지 않으면 어떤 일이 벌어질까요? 이웃 나라의 생활 모습과 풍습을 손가락질하며 비웃을 거예요. 심지어는 이웃 나라에 '올바른' 문화를 가르치려 들겠죠. 그 순간 이웃 나라의 전통문화는 큰 상처를 입거나 아예 사라지게 되죠.
이런 편견에 빠지지 않으려면 세계의 여러 문화가 어떻게 생겨났는지, 우리와 어떤 부분이 다른지, 잘 살펴보아야 해요.
그중에 몇 가지 사례를 볼까요?

인사법은 달라도 마음은 같아요

손 인사에 담긴 의미

우리는 서로 만나거나 헤어질 때 인사를 해요. 그냥 말로만 하는 게 아니라 손짓 몸짓 표정을 섞어서 상대방에게 내 마음을 전해요. 그런데 친구랑 나누는 인사법과 어른과 나누는 인사법은 좀 달라요. 나라마다 지역마다 인사법도 아주 다르고요. 이처럼 다양한 인사법은 언제, 어떻게 생겨났을까요?

원시시대에 이동 생활을 하다 보면 때때로 다른 무리를 만나게 돼요. 먹을 것이 부족하던 당시에는 낯선 사람은 모두 적으로 의심했어요. 그러다 보니 생각지 않게 싸움이 벌어지기 일쑤였지요. 그래서 누군가를 만나면 먼저 상대방의 음식을 빼앗지 않겠다는 걸 보여 주어야 했지요.

이때 '나는 당신과 싸울 생각이 없다'는 마음을 알릴 수 있는 가장 간단한 방법이 뭘까요? 맞아요, 손에 무기가 없다는 걸 상대방에게 보여 주면 돼요. 맨손을 앞으로 내밀어 내 마음을 전하면 상대방도 안심하고 같은 행동으로 답했을 거예요. 서로 손을 내미는 행위, 이게 바로 인사의 시작이지요. 손으로 하는 인사법을 몇 가지 알아볼까요?

악수는 상대방의 오른손을 잡으면서 무기가 없다는 걸 확인하는 행동에서 비롯되었어요. 악수할 때 장갑을 벗는 것도 같은 이유예요. 몇몇 이슬람 나라에는 먼저 악수를 하고 나서 손을 가슴에 붙이는 인사법도 있어요. 말하자면 상대방과 싸울 생각이 없다는 사

> 원시시대 사람들은 내 손에 아무런 무기도 없다는 걸 보여 주면서 상대방에게 친근감을 표현했어요. 그때부터 손으로 표현하는 인사법은 시대와 장소, 남녀노소를 가리지 않고 가장 많이 쓰여요.

악수

꽁소우

와이

알로하

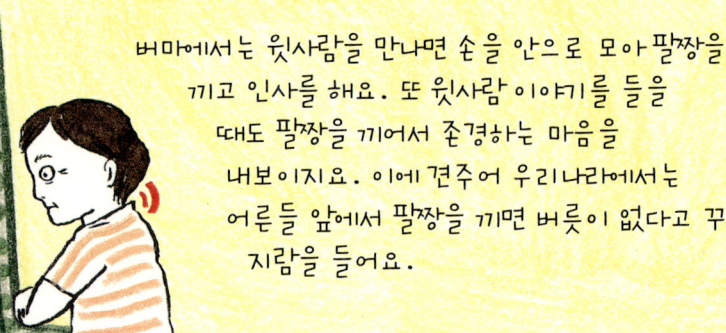

버마에서는 윗사람을 만나면 손을 안으로 모아 팔짱을 끼고 인사를 해요. 또 윗사람 이야기를 들을 때도 팔짱을 끼어서 존경하는 마음을 내보이지요. 이에 견주어 우리나라에서는 어른들 앞에서 팔짱을 끼면 버릇이 없다고 꾸지람을 들어요.

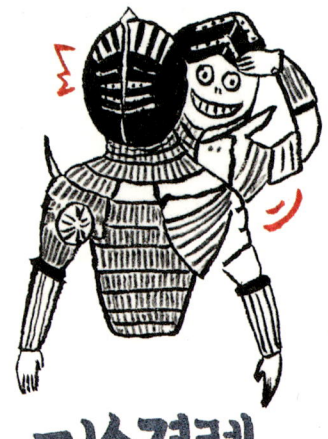

거수경례

실을 다시 한 번 확인하는 거랍니다.

군인들이 하는 거수경례는 손을 들어 이마에 붙이는 인사법이에요. 중세 유럽 기사들은 전쟁을 할 때 얼굴을 보호하기 위해 투구를 썼어요. 그런데 투구로 얼굴을 가리면 아군인지 적군인지 구별할 수 없겠죠? 그래서 전쟁 중에 다른 무리와 마주치면, 서로 정체를 확인하기 위해 투구를 이마까지 올렸어요. 이런 동작이 훗날 거수경례가 됐다고 해요. 이처럼 손을 보여 주는 인사법은 저마다 차이가 있지만, 기본적으로는 상대방과 싸울 마음이 없다는 걸 알리는 행위에서 시작되었답니다.

머리 인사법도 가지가지

내가 싸울 생각이 없다는 걸 상대방에게 더 적극적으로 알리는 방법이 있어요. 상대방 앞에서 머리를 숙이는 거죠. 이 방법은 상대방을 믿을 수 있을 때에만 사용해요. 내가 상대방을 보지 않는 동안 상대방이 나를 공격하면 꼼짝 이슬람 사람들은 기도를 할 때 무릎을 꿇고 이마가 땅에 닿을 때까지 머리를 숙여요. 기도는 신에게 올리는 인사예요. 오직 종교 의식에서만 기도를 하고, 죽은 사람에게도 살아 있는 사람에게도 절을 하지 않지요. 이와 달리 기독교 사람들은 두 손을 모으고 고개를 살짝 숙이며 기도를 해요.

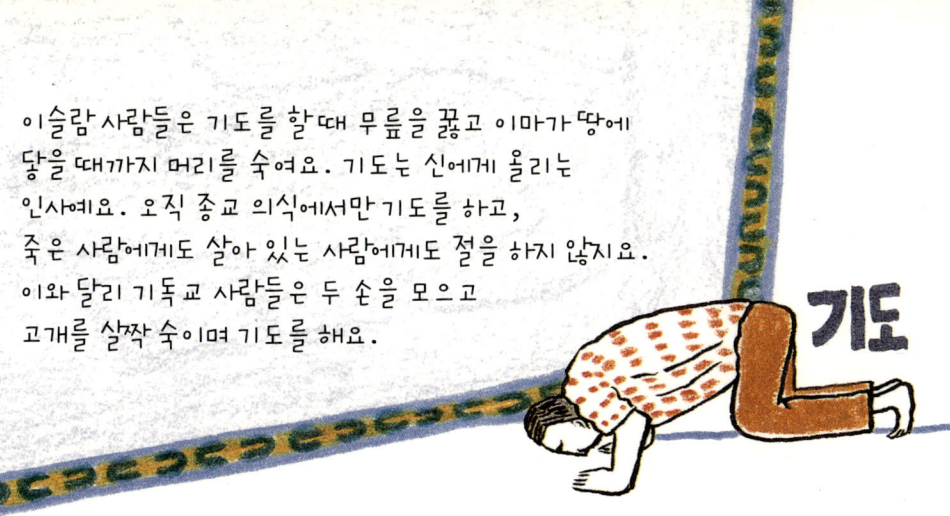

없이 당할 테니까요. 따라서 머리를 숙이는 행동은 상대방에 대한 믿음과 존경을 나타내지요.

머리 인사법으로는 먼저, 머리를 아래로 살짝 숙이는 목례가 있어요. 보통 윗사람이 아랫사람을 만나거나 친한 사람들끼리 만나 가볍게 하는 인사법이지요. 어떤 나라에서는 아랫사람도 윗사람한테 목례만 해요. 태국에서는 윗사람을 만나도 고개만 숙이지 허리를 굽혀서 인사하지 않아요. 대신 두 손을 코나 이마까지 높이 올려 공경하는 마음을 표시해요.

아시아에서는 불교와 유교의 영향으로 절 인사법이 널리 퍼져 있어요. 예를 들어 불교에서는 부처님에게 108번 절을 하며 소원을 비는 의식이 있어요. 또

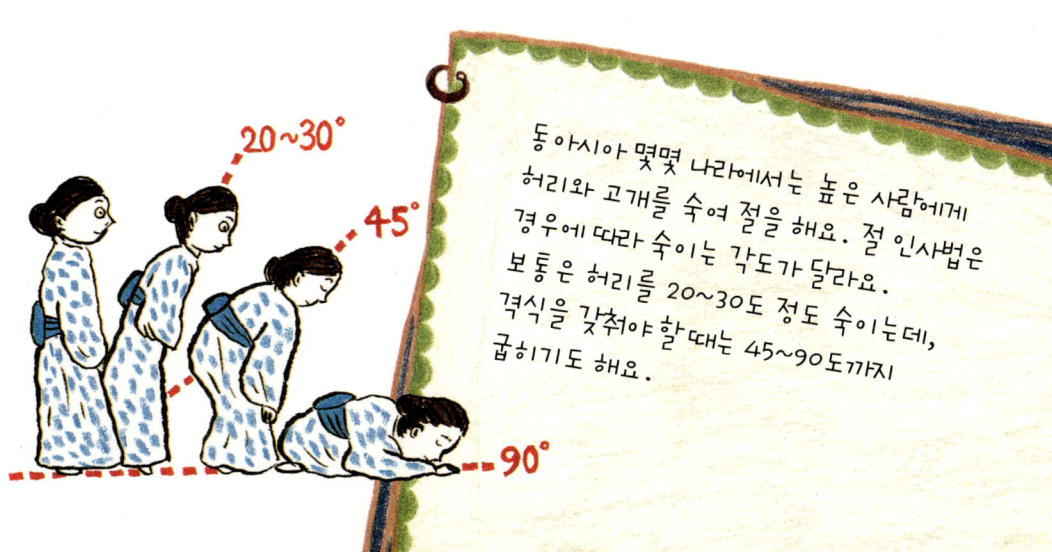

동아시아 몇몇 나라에서는 높은 사람에게 허리와 고개를 숙여 절을 해요. 절 인사법은 경우에 따라 숙이는 각도가 달라요. 보통은 허리를 20~30도 정도 숙이는데, 격식을 갖춰야 할 때는 45~90도까지 굽히기도 해요.

유교의 영향으로 조상에게 제사를 지낼 때도 절을 올리지요. 우리나라에서는 윗사람에게 격식을 갖춘 인사법으로 절을 하죠. 이에 견주어 베트남에서는 살아 있는 사람에게 절을 하면 상대방이 빨리 죽길 바란다는 의미래요. 라마교를 믿는 사람들도 종교 의식 때만 절을 해요. 죽은 사람에게도 살아 있는 사람에게도 절을 하지 않아요.

우리나라에서 절이 인사법으로 널리 자리 잡은 이유는 온돌 문화와도 관련이 있어요. 우리는 온돌방에 앉아서 생활하는 문화이기 때문에 무릎을 꿇고 절을 하기 편해요. 이에 견주어 방 안에서도 신발을 신고 생활하는 문화권에서는 바닥이 깨끗하지 않기 때문에 절을 하기가 힘들어요.

몸을 부비는 인사법

원숭이들이 상대방 냄새를 맡다가 몸을 부비는 모습을 본 적이 있나요? 이렇게 냄새를 맡으면서 상대방이 동료인지 적인지, 건강한지 병들었는지 파악하는 거래요. 그리고 상대방에게 호감이 생기면 서로 몸을 부비는 거죠. 아마 인류의 먼 조상도 이와 크게 다르지 않았을 거예요. 몸을 맞대고 부비면서 상대방에게 호감을 표시하는 행위는 인류의 가장 오래된 인사법이랍니다.

유럽에서는 가볍게 포옹하는 인사법이, 아라비아에서는 서로 껴안고 뺨을 부비는 인사법이 있어요. 또 이스라엘 사람들은 몸을 가까이 하고서는 상대방과 팔을 겹치고 어깨를 잡으면서 인사하고, 뉴질랜드 원주민들은 코를 맞대고 부비며 인사하고, 알래스카에서는 양 주먹을 코에 붙인 다음 서로 주먹을 맞대고 부비며 인사하지요.

이 밖에도 세계 곳곳에는 아주 다양한 인사법이 있어요. 예를 들어 티베트에서는 혀를 내밀고, 아프리카 동부의 어떤 부족은 침을 뱉으며 인사를 나누기도 해요. 하지만 우리나라에서 상대방에게 이렇게 했다가는 꾸지람을 듣거나 싸움이 일어날 게 틀림없어요. 또 독일, 오스트리아, 이탈리아, 스페인에서는 남성이 여성 손등에 입맞춤하는 인사법이 있는데, 이와 달리 덴마크, 벨기에, 네덜란드 여성들은 손등에 입을 맞추는 행동을 불쾌하게 여겨요.

이처럼 서로 다른 문화가 만날 때는 심심찮게 오해와 충돌이 일어나기도 해요. 이럴 때는 어떤 문화에 따라야 할까요?

손님이 주인의 문화를 따르는 게 원칙이에요. 알래스카에서는 알래스카 인사법을, 아프리카에서는 아프리카 인사법을 따르는 거죠. 주인도 손님에게 특별히 오해를 불러일으키는 행동은 하지 않는 게 더 좋겠죠?

원숭이와 사람이 몸을 부비는 목적은 본질적으로 같아요. 바로 상대방에게 호감을 표현하는 거죠. 이처럼 인류 문화 곳곳에는 동물적인 본능의 흔적이 여전히 남아 있어요.

어머, 이 남자 나에게 관심 있는 거 아냐?

이곳에서는 손등에 입을 맞추는 게 예의라고 했지?

숟가락, 젓가락, 포크

이곳저곳 떠도는 유목민의 밥상

돌투성이 초원이나 사막 지역은 일 년 내내 아주 춥거나 더워요. 땅이 모두 얼어 있거나 모래뿐이라서 농사를 지을 수 없지요. 그래서 사람들은 소나 말, 양 같은 가축을 기르면서 살아요. 물론 가축을 기르는 것도 쉽지 않아요. 무엇보다 가축이 살아갈 수 있을 만큼의 물과 풀이 있어야 해요. 하지만 열악한 자연환경 탓에 한곳에서 오랫동안 머무를 수 없어요.

사람들은 물과 먹이를 찾아 가축을 몰고 움직여야 해요. 이리저리 떠돌다가 적당한 장소가 나타나면 짐을 풀고 잠시 머무르면서 말과 소와 양 떼를 들판에 풀어놓아요. 그러다가 가축이 주변에 있는 풀을 모두 뜯어먹으면 또 다른 장소로 이동하지요.

언제 이사를 해야 할지 모르니 사람들은 땅에 고정된 집을 짓지 않고 천막에서 살아요. 이처럼 가축을 이끌고 물과 풀을 찾아 떠도는 사람들을 '유목민'이라고 해요.

유목민은 이사를 자주 해야 하기 때문에 생활 도구가 아주 간단해요. 당연히 음식을 만드는 도구도 간단하고, 요리 방법도 간단해요. 음식을 요리하는 데는 큰 솥 하나면 충분해요. 여기에 물을 채우고 고깃덩어리와 몇 가지 채소를 넣고 푹 끓이죠. 고기와 채소가 충분히 익으면 국물과 함께 그릇에 담아 먹어요. 이처럼 솥에 여러 가지 재료를 넣고 끓이는 국, 탕, 찌개 같은 요리는 모두 유목민의 밥상에 뿌리를 두고 있지요. 국물이 있는 음식은 숟가락을 사용해 떠서 먹는 방법이 편해요. 그래서 유목민은 식사 도구로 숟가락을 사용한답니다.

한곳에 정착한 농경민의 밥상

인류가 이동을 멈추고 정착한 곳을 보면 대부분 너른 들판이 펼쳐지고, 그 주위에 큰 강이 흐르고 있어요. 사람들은 왜 이런 곳에 자리를 잡았을까요? 맞아요, 농사를 짓기에 적당한 곳이기 때문이에요. 물론 인류가 처음부터 물을 이용해서 농사를 짓지는 못했어요. 맨 처음에는 그저 물가에서 식물이 잘 자라고, 열매가 따뜻한 계절에 열린다는 정도만 알았을 거예요. 물가에 자리를 잡아 계절에 맞춰 씨를 뿌리고 가꾸어서 곡식을 거둬들이는 농사법을 익히기까지는 수만 년의 시간이 필요했어요. 이렇게 농사를 지으며 한곳에 머무르는 사람들을 '정착민', 또는 '농경민'이라고 해요. 오늘날 지구마을 사람들은 대부분 정착민으로 살아가지요. 그게 살아가기에 편하고 안정적이니까요.

과거에는 열매를 따면 허기를 달래기 위해 곧바로 먹어 치웠어요. 하지만 곡식을 기르고 거둬들여서 저장해 놓고 필요할 때 꺼내 먹게 되면서, 사람들은 여유가 생기고 계획적으로 생활하게 되었어요. 나아가 그저 생존을 위해서만 먹는 게 아니라, 먹는 즐거움과 맛의 의미를 알게 됐어요. 특히 벼농사는

인류는 오랜 수렵 생활을 끝내고 농경 생활을 하면서 계획적이고 안정적인 삶을 살게 되었어요.

인류의 밥상에 놀
라운 변화를 가져왔어요.
처음에 벼는 세계 곳곳의 초원
과 습지에서 자라는, 생명력이
강한 것 말고는 내세
울 게 없는 식물이었
어요. 열매도 작고, 이
렇다 할 맛도 없었어요.
그런데 기르기 쉽고, 열매를 오
랫동안 저장할 수 있고, 물에 넣고
끓이면 크게 부풀어 올랐어요. 이런
벼의 장점에 처음 주목한 건 아시아
지역 정착민들이었어요. 특히 강수량이
풍부한 아시아 남부 정착민들은 수천 년
에 걸쳐 벼를 논에서 기르는 방법을 찾아냈
어요. 그런데 앞서 말했듯이, 쌀은 그냥 먹으
면 별 맛이 안 나요. 그래서 사람들은 입맛을 돋
우기 위해 갖가지 양념과 반찬을 밥상에 함께 올
리기 시작했어요. 그리고 이즈음에 드디어 멋진 식
사 도구 젓가락이 등장하게 되었죠.

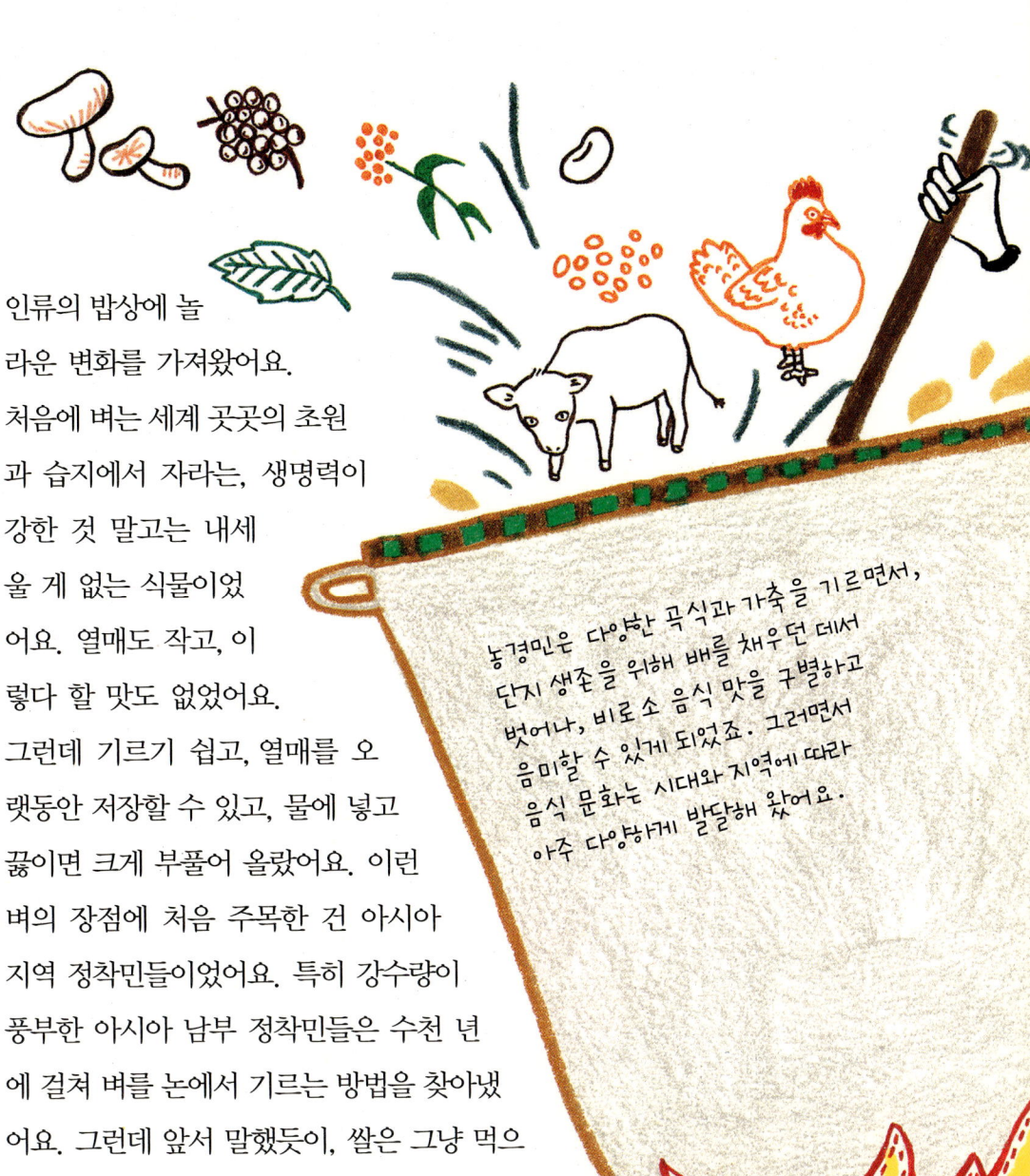

농경민은 다양한 곡식과 가축을 기르면서, 단지 생존을 위해 배를 채우던 데서 벗어나, 비로소 음식 맛을 구별하고 음미할 수 있게 되었죠. 그러면서 음식 문화는 시대와 지역에 따라 아주 다양하게 발달해 왔어요.

쌀과 젓가락이 만날 때

옛날 중국 사람들은 날씨가 따듯하고 물을 얻을 수 있는 황허강과 양쯔강 주변, 곧 농사가 잘 되는 곳에 모여 살았어요. 이들은 벼, 수수, 콩, 조 같은 곡식과 돼지, 닭, 소 같은 가축과 산과 들에서 나는 푸성귀와 열매를 식량으로 삼았어요. 곡식과 고기를 물에 끓이면서, 사람들은 뜨거운 수증기에 데지 않으려고 긴 막대기 같은 걸로 휘휘 저었을 거예요. 그러다가 요리를 먹는 데도 막대기를 사용하게 되었어요.

젓가락은 기원전 1,600년쯤부터 사용되었다고 해요. 기원전 200년 즈음에는 이미 젓가락이 일상적으로 사용되었고, 차츰 중국 주변 나라에 퍼졌어요. 한국, 일본, 베트남을 비롯한 동남아시아에서 오늘날까지 젓가락을 사용하지요. 인구로 보자면 세계 30퍼센트 정도 사람들이 젓가락을 써요.

그런데 젓가락을 사용하는 지역은 주로 쌀농사를 짓는 지역과 맞아떨어져요. 쌀로는 주로 밥을 지어서 먹는데, 앞에서 말한 것처럼 밥만 먹으면 별다른 맛이 없어요. 그래서 국(찌개)이나 반찬이 필요하지요. 이때 반찬은 곡식이나 채소, 고기 조각에 갖은 조미료로 양념을 하거나 조리를 해서 만들어요. 그래서 손에 양념을 범벅으로 묻히지 않으려고 젓가락을 사용하게 되었지요. 이 때문에 젓가락은 쌀을 주식으로 하는 지역에서 주로 사용해요.

한편, 젓가락으로 음식을 먹는 동아시아 지역을 따로 '젓가락 문화권'이라고 일컫기도 한답니다.

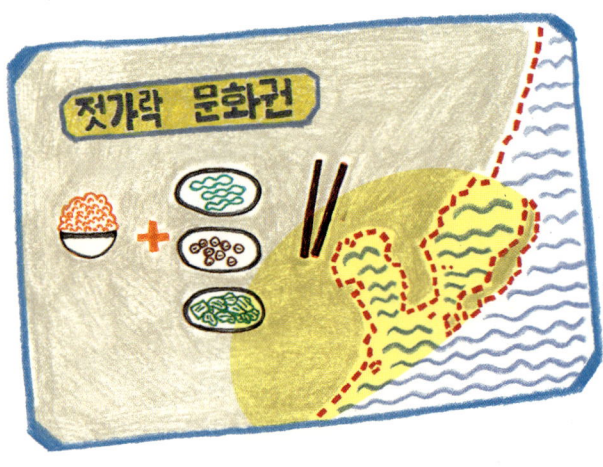

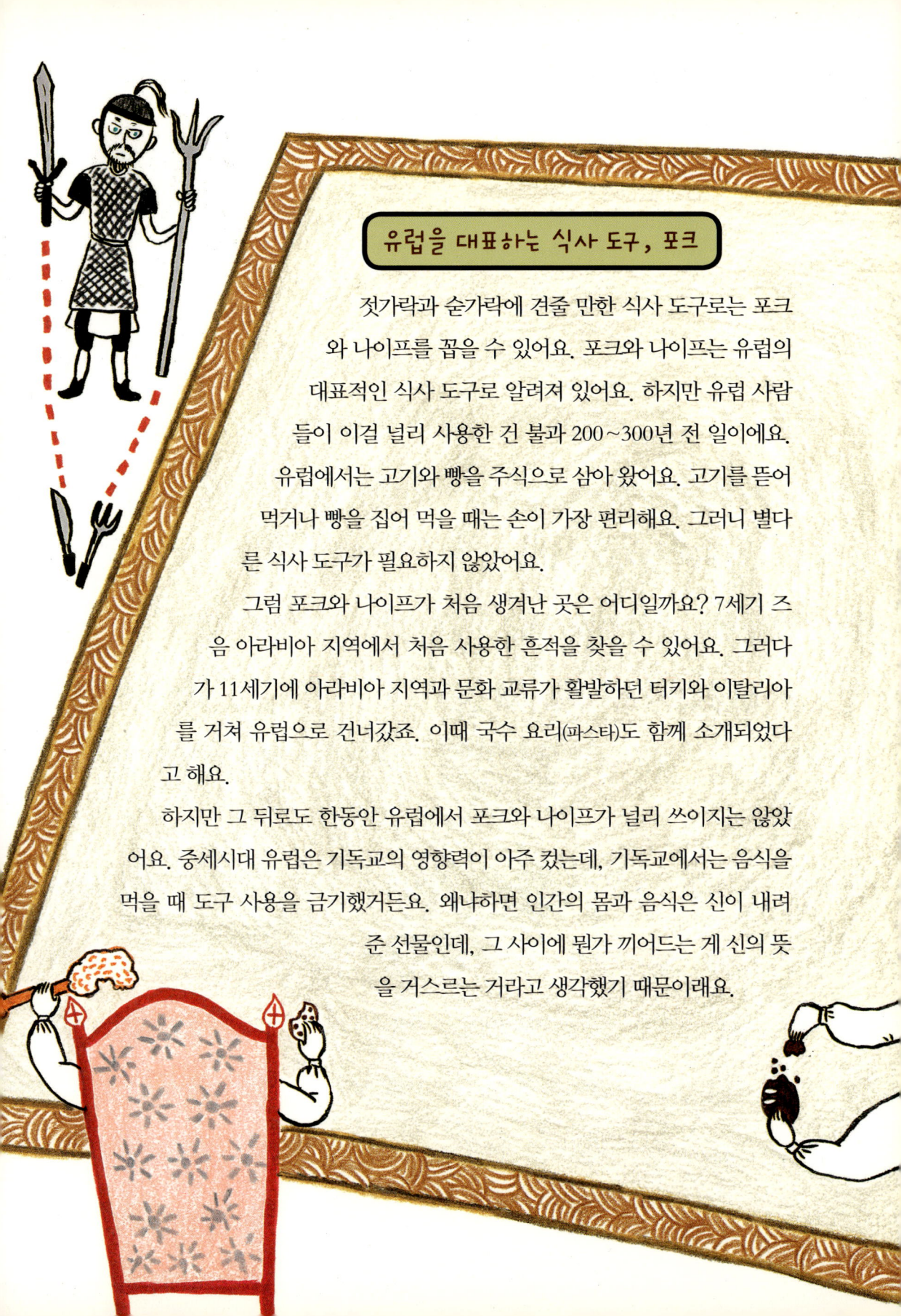

유럽을 대표하는 식사 도구, 포크

젓가락과 숟가락에 견줄 만한 식사 도구로는 포크와 나이프를 꼽을 수 있어요. 포크와 나이프는 유럽의 대표적인 식사 도구로 알려져 있어요. 하지만 유럽 사람들이 이걸 널리 사용한 건 불과 200~300년 전 일이에요. 유럽에서는 고기와 빵을 주식으로 삼아 왔어요. 고기를 뜯어 먹거나 빵을 집어 먹을 때는 손이 가장 편리해요. 그러니 별다른 식사 도구가 필요하지 않았어요.

그럼 포크와 나이프가 처음 생겨난 곳은 어디일까요? 7세기 즈음 아라비아 지역에서 처음 사용한 흔적을 찾을 수 있어요. 그러다가 11세기에 아라비아 지역과 문화 교류가 활발하던 터키와 이탈리아를 거쳐 유럽으로 건너갔죠. 이때 국수 요리(파스타)도 함께 소개되었다고 해요.

하지만 그 뒤로도 한동안 유럽에서 포크와 나이프가 널리 쓰이지는 않았어요. 중세시대 유럽은 기독교의 영향력이 아주 컸는데, 기독교에서는 음식을 먹을 때 도구 사용을 금기했거든요. 왜냐하면 인간의 몸과 음식은 신이 내려 준 선물인데, 그 사이에 뭔가 끼어드는 게 신의 뜻을 거스르는 거라고 생각했기 때문이래요.

그럼 포크와 나이프는 언제부터 유럽을 대표하는 식사 도구가 되었을까요? 이와 관련된 이야기를 하나 들려줄게요. 1533년에 이탈리아 베네치아 가문의 딸이 프랑스 왕 앙리2세와 결혼하면서 고향에서 사용하던 포크를 가지고 왔어요. 베네치아 가문은 상인 집안이라 새로운 문화에 개방적이에요. 포크도 누구보다 앞서 받아들였지요. 하지만 프랑스 귀족과 왕족 들은 포크가 낯설었어요. 그들은 신성한 프랑스 궁정에서 포크를 사용할 수 없다며 반발했어요. 앙리3세 때부터는 포크를 사용하도록 허락했지만, 널리 퍼지지는 않았어요.

그런데 1789년 프랑스혁명이 일어나면서 상황이 바뀌었어요. 프랑스혁명의 주인공은 평민들이었어요. 그들은 귀족과 왕족을 몰아내고 스스로 정부를 세우려 했지요. 쫓겨난 귀족과 왕족은 한동안 숨죽이며 지내야 했어요. 이때 그들은 화려했던 과거를 떠올리며 포크를 사용하기 시작했어요. 당장은 초라하지만, 자신이 평민과 다

복잡한 역사만큼 포크를 보는 시선도 다양하다.

르다는 걸 보여 주고 싶었던 거지요. 그러자 포크는 품위와 사치를 상징하는 물건으로 유행처럼 번졌어요. 포크와 나이프를 사용할 때 유난스레 예의범절을 따지는 까닭도 여기에 있어요. 그즈음 다른 유럽 나라들도 비슷한 이유로 포크와 나이프를 식사 도구로 사용하기 시작했답니다.

손으로 먹는 게 불결하다고?

음식을 먹는 도구라고 하면 젓가락과 포크를 먼저 떠올리지만, 사실 가장 많이 사용하는 도구는 따로 있어요. 바로 손이에요. 세계 인구의 40퍼센트가 손으로 음식을 집어서 먹지요. 손은 가장 오래되고 편리한 도구예요.

손으로 음식을 먹는 사람들 가운데는 너무 가난해서 젓가락이나 포크를 마련하지 못하는 경우도 적지 않아요. 이들에게 젓가락과 포크는 낯설고 사치스런 물건일 뿐이에요. 그런데 살림도 넉넉하고 젓가락과 포크의 쓰임새를 잘 알고 있으면서도 음식을 먹을 때 손을 고집하는 사람들이 있어요. 대표적으로 인도 사람들이 그렇지요.

인도 사람들은 식사를 할 때 오른손 엄지, 검지, 중지 세 손가락으로 음식을 집어서 먹어요. 손으로 음식을 집어 먹는 모습이 지저분해 보인다고요? 그들은 젓가락과 포크가 오히려 위생적이지 못하다고 말해요. 젓가락과 포크는 집이나 식당에서 공용으로 씁니다. 이름표가 붙어 있지 않으니 이전에 누구 입에 들어갔는지 알 수 없지요. 그러니 젓가락과 포크가 자기 손보다 깨끗하다고 말할 수는 없어요. 우리나라만 해도 젓가락 문화권이지만, 손으로 먹는 음식이 적지 않아요. 따라서 손으로 음식을 먹는 걸

오늘날에도 손으로 음식을 먹는 사람들이 아주 많아요. 우리도 과자, 빵, 치킨, 쌈같은 음식을 손으로 먹지요.

손으로 먹는 게 편하고 깔끔해.

두고 지저분하다거나 덜 발달한 문화라고 말할 수는 없어요. 그보다는 인도 사람들이 왜 손으로 음식을 먹게 되었는지, 그 이유를 따져 보아야겠죠?

인도를 대표하는 음식은 밀가루를 얇고 넓게 반죽해서 화덕에 구운 난과 갖가지 채소와 향신료를 갈아서 만든 커리예요. 난을 그냥 먹기도 하고 입맛에 따라 커리를 묻혀서 먹기도 하지요. 워낙 간편하게 먹을 수 있는 음식이라 손 말고 별다른 도구가 필요 없어요.

때로 난 대신 쌀밥이 커리와 함께 상에 오르기도 하는데, 이걸 '탈리'라고 해요. 그런데 인도에서 나는 쌀은 동아시아 쌀에 견주어 찰기가 떨어져요. 마치 볶음밥처럼 밥알이 서로 붙지 않고 따로 놀아요. 그래서 손가락으로 밥알을 적당히 잡고 커리와 함께 짓이겨서 뭉친 다음 먹는 방법이 가장 손쉽고 간편하죠. 물론 인도 사람들은 탈리를 먹을 때 숟가락을 사용하기도 해요. 하지만 국물 음식이 별로 없어서 숟가락을 자주 사용하지는 않아요. 이런 이유 때문에 인도 사람들은 오늘날까지 대부분 손으로 음식을 먹는 습관을 유지하고 있답니다.

음식을 먹는 다양한 도구

이처럼 음식을 먹는 도구는 어떤 음식을 먹느냐에 따라 나뉘었어요. 이걸 좀 더 정리해 볼까요? 사람들이 먹는 대표적인 곡물은 쌀과 밀이에요. 이중에서 쌀은 주로 밥을 해서 먹어요. 이때 찰기가 없는 밥을 짓는 지역에서는 손으로, 찰기가 많은 밥을 짓는 지역에서는 젓가락으로 밥을 먹어요.

쌀과 달리 밀은 가루를 빻은 다음 여러 가지 요리를 해서 먹어요. 이때 빵으로 구워 먹는 지역에서는 손을, 면으로 요리하는 지역에서는 젓가락을 주로 사용해요.

한편, 포크는 주로 고기를 먹을 때 사용하는 도구예요. 사실 고기를 먹을 때는 손이 가장 편리해요. 18세기 이전에도 포크가 없지 않았지만, 널리 퍼지지 않은 걸 보아도 알 수 있죠. 그러다가 포크가 서양 귀족 문화를 대

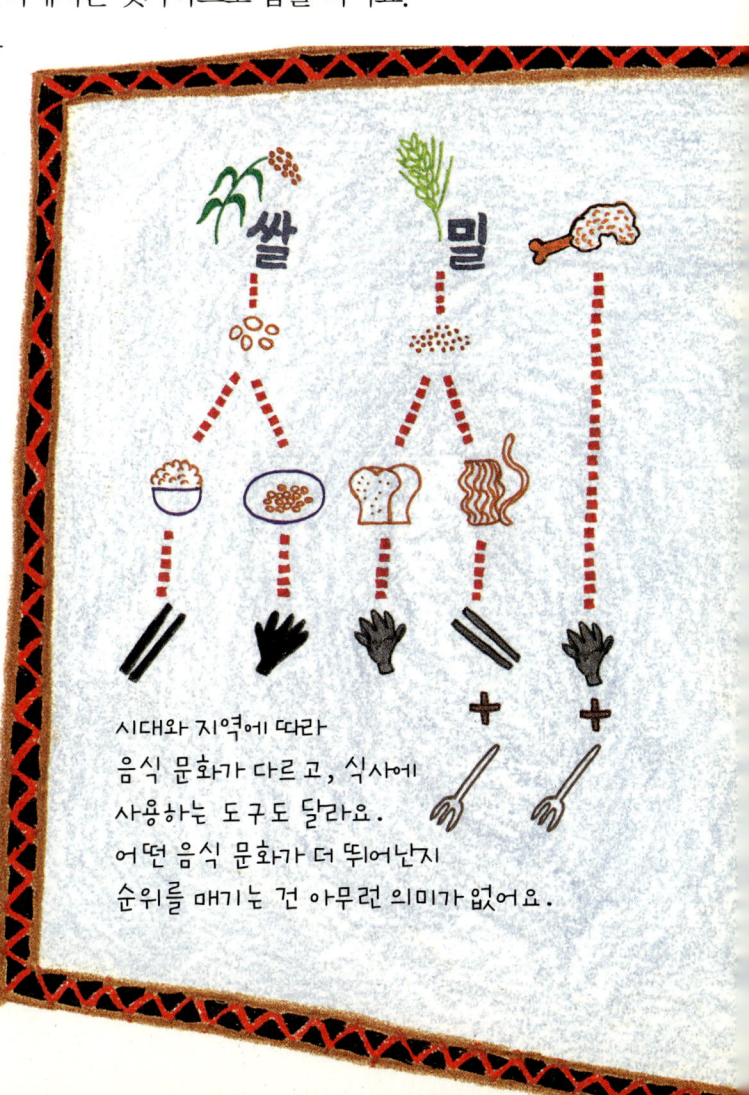

시대와 지역에 따라 음식 문화가 다르고, 식사에 사용하는 도구도 달라요. 어떤 음식 문화가 더 뛰어난지 순위를 매기는 건 아무런 의미가 없어요.

표하는 식사 도구로 알려지면서, 손으로 음식을 먹는 게 교양 없고 불결하다는 인식도 더불어 생겨났어요. 하지만 손과 젓가락과 포크는 그 지역에서 주로 먹는 음식에 따라 생겨난 문화 차이일 뿐이에요. 그 가운데 어떤 게 더 고급스럽고 위생적인지 순위를 매길 수 없어요.

한국인의 밥상

하나 더 눈여겨볼 게 있어요. 우리나라는 식사를 할 때 젓가락과 숟가락을 늘 함께 사용해요. 이 둘을 합쳐 '수저'라고 부를 정도로 떼려야 뗄 수 없는 한 쌍으로 여겨요.

수저를 다루기란 여간 어렵지 않아요. 서양 사람들은 물론이고, 젓가락 문화권 사람들도 수저를 자유자재로 쓰는 우리를 놀라운 눈길로 바라보곤 하지요. 그래서 어떤 사람들은 한국인들의 손기술이 뛰어난 까닭은 수저 문화 때

문이라고 말하기도 해요. 어릴 적부터 수저를 사용하면서, 섬세하고 정교한 물건을 만드는 손기술을 저도 모르게 익혔다는 거지요. 이게 꼭 맞아떨어지는 것 같지는 않아요. 손기술이 뛰어나지 않은 한국인도 많으니까요.

어쨌거나 수저가 독특한 식사 도구 문화인 건 분명해요. 한국인들은 언제, 왜 숟가락과 젓가락을 함께 쓰게 되었을까요? 자, 한국인의 밥상을 한번 들여다볼까요? 맨 처음 밥과 국이 눈에 띄고, 갖은 양념으로 버무린 여러 반찬이 한자리씩 차지하지요. 국과 별개로 찌개를 끓여 올리기도 해요. 어느 것 하나라도 빠지면 왠지 허전하고 아쉬워요. 밥과 국물과 반찬이 입안에서 한데 뒤섞여야 비로소 우리만의 맛을 느낄 수 있죠. 그러니 수저는 한국인의 밥상에 꼭 필요한 식사 도구예요.

앞서 국과 찌개는 유목민의 음식 문화이고, 밥과 반찬은 농경민의 음식 문화라고 했죠? 한국인의 밥상에는 유목민과 농경민의 음식 문화가 한쪽으로 치우치지 않고 어울려 있어요. 말하자면 수저는, 저 먼 옛날 북방 민족(유목민)과 남방 민족(농경민)이 한반도에서 멋지게 어울려 한 민족과 문화를 이룬 결과물이에요.

마찬가지로 다른 나라 음식과 도구에도 저마다 깊고 다양한 사연이 담겨 있어요. 다른 나라 음식 문화를 마주하면 왜 그런 음식이 생겨났을지, 왜 그런 식사 도구를 사용했을지 찬찬히 들여다보세요. 어느 샌가 그 문화의 뿌리와 만날 수 있을 거예요. 인류가 맨 처음 생겨나는 순간부터 지금까지 살아남기 위해 늘 뭔가를 먹어야 했으니 그럴 수밖에요.

모자를 바라보는 백 가지 시선

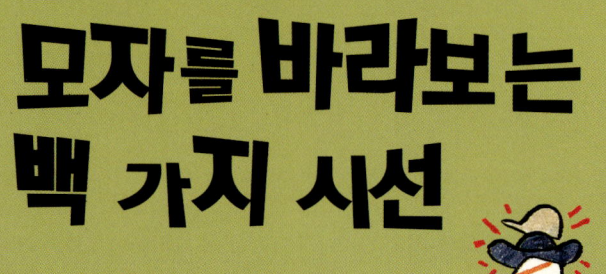

모자가 종교를 만날 때

우리는 인사를 할 때 먼저 모자를 벗어요. 다른 나라 사람들도 대부분 모자를 벗고 인사해요. 그게 상대방에 대한 예의라고 생각하기 때문이죠. 그런데 이슬람 나라에서는 모자를 벗지 않아요. 신성한 사원에서 예배할 때도 모자를 쓴 채로 절을 해요. 왜 모자를 벗지 않고 절을 하는지, 그 이유를 살펴볼까요?

이슬람교가 시작된 아라비아 지역은 사막이 많아요. 사람들은 뜨거운 햇빛과 사막에서 불어오는 모래바람을 막으려고 얇은 천으로 온몸을 둘렀어요. 물론 머리에도 터번이나 모자를 써야 했지요. 그러니까 터번과 모자는 생존을 위한 필수품이었어요. 그러다가 이슬람교가 들어서면서 모자에 종교적인 의미를 불어넣었어요.

모래바람을 피하려면 터번 같은 모자가 필요해!

이슬람에서는 예배를 볼 때 머리를 숙여 땅에 닿게 기도를 해요. 이때 모자를 쓰면 아무래도 불편해요. 잠시 모자를 벗어 놓을 수도 있는데, 왜 굳이 모자를 쓰고 절을 할까요?

무슬림들은 하루에 다섯 번 예배를 해요. 해가 뜨기 전, 정오, 오후, 해가 진 다음, 그리고 밤에 자기 전에 기도를 하지요. 하루 종일 기도만 하냐고요? 그렇지 않아요. 기도하는 데는 단지 몇 분밖에 걸리지 않아요. 똑바로 서서 《꾸란》(이슬람 경전) 첫 장을 외운 다음 허리를 낮추어 절을 하고, 이어서 무릎을 꿇고 두 번 머리를 땅

모스크에서 기도하는 무슬림.

모자는 신 앞에서 나를 낮춘다는 뜻이야.

무슬림은 마호메트가 태어난 메카를 향해 하루 다섯 번씩 기도를 올린다.

에 대고 기도하면 돼요. 이슬람 사원을 찾아 예배를 보면 좋지만, 여건이 허락하지 않으면 어디서라도 기도를 하면 되지요. 들판, 사무실, 공장, 학교 어디에서라도 할 수 있어요.

이처럼 기도하는 곳은 자유롭게 선택할 수 있지만, 모자는 빠뜨리지 않아요. 이슬람에서 모자를 쓰는 건 머리를 가리고 신에게 자신을 낮춘다는 뜻이에요. 더불어 신의 뜻이 자기 머리로 전해지기를 바라는 마음을 나타낸다고도 해요. 그러니까 무슬림이 모자를 쓰는 건 기도를 하기 전에 마음을 가다듬는 종교 의식이지요.

유대교에서도 모자가 예배 때 꼭 필요한 물건이에요. 《구약 성경》과 《탈무드》는 머리나 얼굴을 가리는 행동은 애도의 표현이자, 경외와 존경의 표시라고 가르쳐요. 신에게 머리카락을 보이는 건 무례한 짓이라는 거죠. 이에 따라 유대교 남자는 예배할 때 '키파'라는 작고 창이 없는 모자를 쓴답니다. 모자를 통해 신을 존경하는 마음을 나타내는 셈이지요.

종류만큼 다양한 모자 문화

돌이켜 보면 모자는 인류의 역사와 함께한다고 해도 틀린 말이 아니에요. 처음에 인류는 추위를 막으려고 가죽으로 머리를 둘렀을 거예요. 그러다가 기왕이면 더 멋지게 내보이려고 갖가지 장식을 달았겠죠. 또 어떤 이들은 자기가 잡은 짐승의 머리를 뒤집어써서 용맹함을 뽐내기도 했을 테고요. 그러면서 모자는 자연스레 아름다움과 힘을 뽐내는 도구로 쓰이기 시작했어요.

 인류가 신분 사회를 이루면서 이런 흐름은 더욱 또렷해졌지요. 신분에 따라 쓰는 모자도 엄격하게 정해져 있었어요. 예를 들어 왕조 시대에 왕은 화려하고 큰 왕관으로 권위를 드러냈어요. 또 중세 유럽 여성들은 아주 사치스럽게 치장을 한 모자나, 뾰족하고 높다란 모자(에넹)를 써서 자기 신분을 나타내기도 했어요.
 산업 사회가 발달하면서부터는 활동하기에 편한 모자가 유행했어요. 여가 시간을 즐기기 위한 스포츠 모자나, 다양한 소재와 색깔로 아름다움을 뽐내는 모자도 쏟아져 나왔고요. 재미있는 건, 현대 사회에도 여전히 수천수만 가지 모자에 저마다 사연과 의미가 켜켜이 쌓여 있다는 사실이에요. 경찰이나 군인들은 모자로 자기 신분을 나타내고, 어린이가 어른 앞에서 모자를 쓰는 건 버릇없는 행동이라고 배워요.
 이 밖에도 모자를 둘러싼 역사와 문화는 그 종류만큼이나 다양하답니다. 지금 여러분은 어떤 모자를 즐겨 쓰나요? 그 모자는 어떤 사연과 의미를 지니고 있나요?

죽은 이를 떠나보내는 법

죽음은 영원히 사라지는 걸 뜻해.

왜 장례식을 치를까

인류에게 죽음은 늘 가까이 있었어요. 사냥을 하다가, 전쟁을 치르다가, 배고픔과 병으로, 그게 아니라도 언젠가는 늙어서, 누구나 죽음을 맞이해야 하니까요. 주검은 썩어서 한줌 먼지가 되지요. 아무리 애를 써도 죽은 사람이 살아 돌아오지는 않아요. 죽음은 곧 영원한 이별을 뜻해요. 그래서 사람들은 죽은 이를 떠나보내는 의식, 곧 장례를 치렀어요.

장례의 역사는 아주 오래됐어요. 구석기시대 네안데르탈인은 시신을 묻어서

장사를 지냈고, 신석기시대 무덤에는 꽃을 바친 흔적도 있답니다. 이때 이미 죽음을 두려워하고, 죽은 이와의 이별을 슬퍼했다는 뜻이지요. 또 고대 왕이나 귀족의 무덤에는 죽은 이가 평소에 쓰던 물건을 비롯해, 심지어는 하인과 병사들까지 함께 묻기도 했어요. 도대체 왜 이렇게 잔인한 일을 벌였을까요? 그건 당시 사람들이 죽은 이가 저승이나 하늘나라로 간다고 믿었기 때문이에요. 말하자면 영원한 생명과 죽은 뒤의 세상을 상상하며 위안을 삼은 거죠.

종교에 따라 다른 장례 문화

죽음 앞에서 인간은 정말이지 나약하고 초라한 존재예요. 사람들은 죽음의 공포로부터 벗어나기 위해 영원히 변하지 않는 존재를 찾았어요. 그게 바로 신이었어요. 신이 정말로 존재한다면 죽음 이후의 세계도 마련해 놓았을 게 틀림없어요. 그러니 신을 섬기고 따르면 죽음에 대한 두려움을 어느 정도 떨칠 수 있겠죠? 이렇게 종교가 생겨나면서 장례는 죽은 이를 신에게 돌려보내는 의식으로 거듭났어요. 덕분에 장례 문화는 종교와 아주 밀접하게 연결되어 있지요.

불교 문화권에서는 시신을 불에 태우는 장례식, 곧 화장을 해요. 불교에서는 시작도 끝도 없이 이어진 우주에서 생명체와 사물 들이 관계를 맺으면서 생겨났다가 사라지기를 되풀이한다 (윤회)고 생각해요. 사람들이 겪는 모든 고통과 고민이 바로 여기에서 비롯되었죠. 이 거대한 윤회의 수레바퀴에서 벗어나기(해탈)를 바라면서 시신을 한줌 재로 만드는 거랍니다. 사실 화장은 불교가 처음 생겨난 인도의 옛 풍습인데, 이게 불교 사상과 잘 맞아떨어져서 그대로 따랐답니다.

정말로 죽음의 공포에서 벗어날 수는 없을까?

기독교 문화권에서는 유일신 하나님을 믿으면 죽어서도 하나님이 자기를 지켜 준다고 여겨요. 그래서 기독교인은 무덤에 자기네 종교를 상징하는 십자가를 세워 둔답니다.

힌두교에서는 시신을 태워 갠지스강에 뿌려요. 그래야 세상을 만든 어머니(갠지스)의 품으로 돌아갈 수 있다고 믿거든요.

기독교와 이슬람 문화권에서는 시신을 땅에 묻는 장례식, 곧 토장을 해요. 기독교와 이슬람에서는 죽은 이의 영혼이 천국이나 지옥에 간다고 믿어요. 만약 주검을 불태우다가 영혼까지 사라져 버리면 큰일이죠. 특히 기독교에서는 예수가 죽은 지 사흘 만에 다시 깨어났다(부활)고 믿어요. 예수의 부활은 기독교에서 아주 중요한 의미를 가진답니다. 따라서 기독교의 토장은 죽은 이의 부활을 기원하는 의식이기도 합니다.

우리를 낳아 길러 준 부모에게 언제나 효도하는 게 인간의 도리지.

유교 문화에서도 토장을 해요. 유교는 죽은 뒤의 세계에 대해 별다른 이야기를 하지 않아요. 다만 조상이 죽으면 신이 되어서 후손을 지켜 준다고 생각하지요. 따라서 죽은 이라도 그 신체를 함부로 망가뜨리지 않고, 최대한 예를 지키며 시신을 묻어요. 또 조상신에게 정성껏 제사를 올리고요.

이처럼 종교는 저마다의 방식으로 저승 세계를 상상하며, 그곳으로 죽은 이를 떠나보내는 장례를 치렀답니다. 그런데 같은 종교라도 장례 방법이 다른 경우가 있어요. 예를 들어 기독교 문화권과 유교 문화권에서도 최근에 화장 장례를 치르곤 해요. 또 아래에 소개할 티베트는 불교 문화권인데도 독특한 장례 문화를 지니고 있지요.

새와 함께 하늘 나라로

티베트에서는 사람이 죽으면 어떻게 장례를 치를까요? 티베트는 지구마을의 지붕이라고 일컬어지는 티베트고원에 자리 잡고 있어요. 그야말로 하늘 아래 첫 동네지요. 티베트는 평균 고도가 4,000미터, 연평균 기온이 영하 35도나 되지요. 이런 환경에서 시신을 묻으려면 어떤 일이 일어날까요? 먼저, 땅이 꽁꽁 얼어 있기 때문에 시신을 묻을 구덩이를 파는 일부터 여간 어렵지 않아요. 어렵게 구덩이를 파고 시신을 땅속에 묻었다 하더라도 문제가 생겨요. 땅속에 묻힌 시신은 꽁꽁 얼어 버리겠죠. 마치 냉동실 속 음식물처럼 말이에요. 그렇게 되면 티베트 땅속은 아마 부패되지 않은 시신으로 넘쳐날 거예요.

시신을 화장하는 방법도 그다지 현실적이지 않아요. 티베트는 나무가 거의 자라지 않으니 시신을 태울 땔감을 구할 수가 없거든요.
그래서 이름 높은 스님이나 왕족의 장례 같은 특별한 경우가 아니면 화장할 수 없어요.

그래서 생각해 낸 방법이 죽은 이의 시신을 독수리에게 먹이로 주는 장례 풍습, 곧 조장이에요. 조장은 스님이 향을 피우고 불경을 읽으며 예를 올리는 것으로 시작됩니다. 그러고는 시신을 갈라 돌무더기 위에 올려놓아요. 그러면 독수리와 까마귀 떼가 몰려들어 빠르고 깨끗하게 없애 줘요. 하루도 지나지 않아 시신은 뼈만 남게 되지요.

앞서 이야기했듯이 조장은 티베트의 자연 환경 때문에 생겨난 오랜 장례풍습이에요. 특히 티베트 사람들은 새를 하늘과 땅을 연결하는 소중한 동물로 여깁니다. 그래서 시신을 먹은 새가 죽은 이를 하늘나라로 데리고 가 줄 거라 믿었어요. 훗날 티베트가 불교 나라가 되고 난 뒤에도 조장 문화는 그대로 유지되었어요. 크게 보자면 시신을 남기지 않는 화장 방법과 다를 게 없었거든요. 덕분에 티베트는 조장이라는 장례 문화를 오늘날까지 이어오고 있답니다.

이 밖에도 지구마을에는 다양한 장례 문화가 전해지는데, 여기에는 한 가지 공통점이 있어요. 그 사회에서 치르는 가장 엄숙하고 복잡한 예식이라는 점이죠. 장례의 아주 자그마한 행동과 절차에도 그곳 사람들의 종교와 철학이 깊이 배어 있게 마련이에요. 그래서 어떤 사회의 문화를 알고 싶으면, 무엇보다 장례 문화를 꼼꼼히 살펴보는 게 큰 도움이 된답니다.

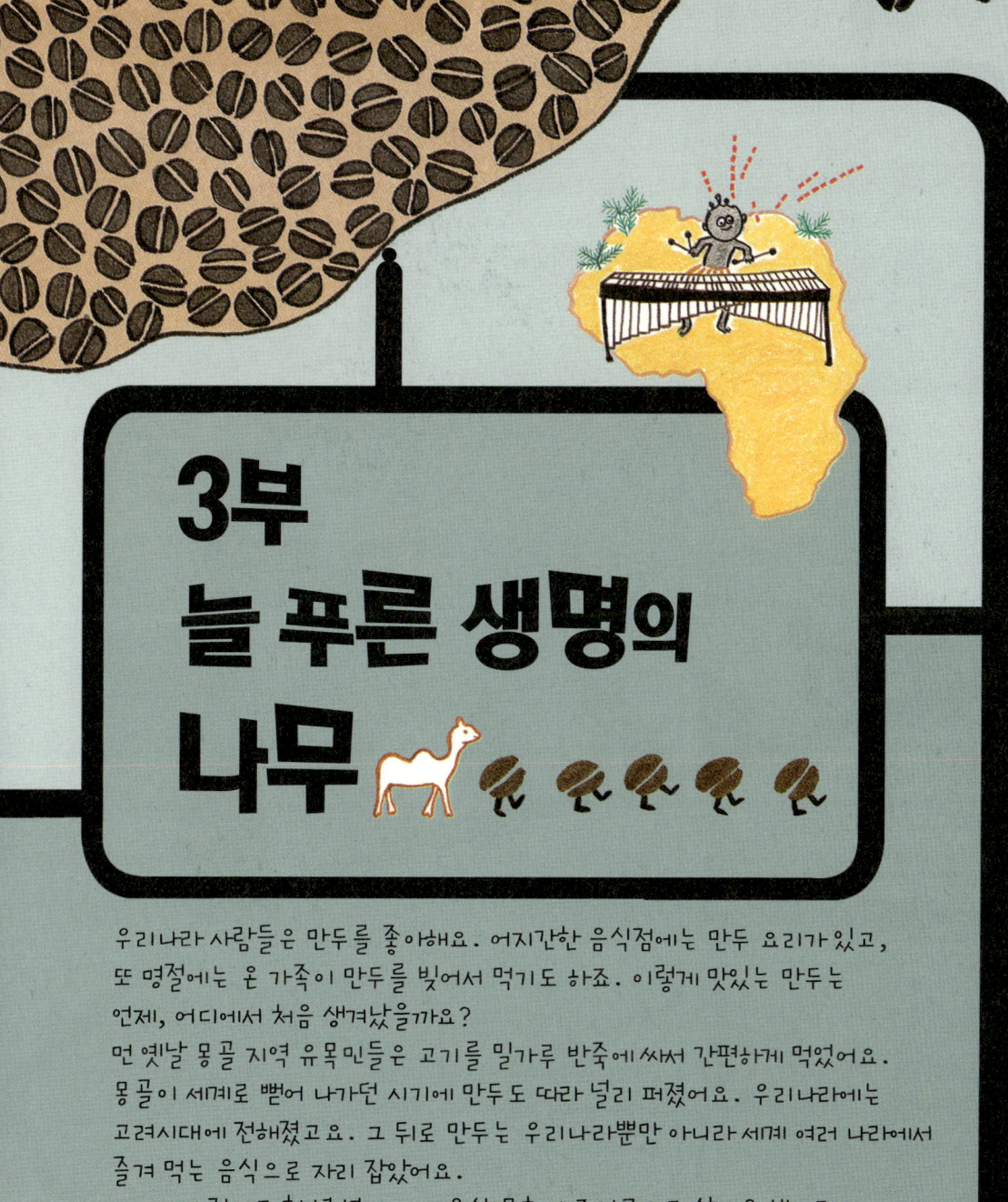

3부
늘 푸른 생명의 나무

우리나라 사람들은 만두를 좋아해요. 어지간한 음식점에는 만두 요리가 있고, 또 명절에는 온 가족이 만두를 빚어서 먹기도 하죠. 이렇게 맛있는 만두는 언제, 어디에서 처음 생겨났을까요?
먼 옛날 몽골 지역 유목민들은 고기를 밀가루 반죽에 싸서 간편하게 먹었어요. 몽골이 세계로 뻗어 나가던 시기에 만두도 따라 널리 퍼졌어요. 우리나라에는 고려시대에 전해졌고요. 그 뒤로 만두는 우리나라뿐만 아니라 세계 여러 나라에서 즐겨 먹는 음식으로 자리 잡았어요.
그러니까 적어도 천 년 넘게 세계 음식 문화의 주인공으로 살아온 셈이죠. 어쩜 이렇게 놀라운 생명력을 지녔을까요? 그건 만두가 변신의 귀재이기 때문이에요. 나라마다 지역마다 환경에 맞게 변신해서 사람들 입맛을 사로잡은 거죠. 온갖 양분을 빨아들이면서 새롭게 자라는 생명의 나무처럼 말이에요. 만두처럼 놀라운 생명력을 지닌 우리 문화는 또 어떤 게 있을지 한번 찾아볼까요?

경복궁 지붕에 손오공이 산다고?

현장법사가 비단길로 간 이유

경복궁 추녀마루에는 흙으로 빚은 조각품이 있어요. 조각물은 사람이나 동물 모습을 하고 있는데, 이걸 '잡상'이라고 해요. 잡상은 궁궐이나 왕릉처럼 임금과 관련이 있는 건물에 있어요. 잡상 수는 건물마다 다른데 적게는 세 개에서 많게는 열한 개까지 있어요. 잡상을 잘 살펴보면 왠지 낯익은 모습이에요. 사람 모습도 있고, 원숭이나 돼지 같은 동물들도 눈에 띄어요. 대체 저 잡상들의 정체는 무엇이고, 왜 궁궐 추녀마루를 지키고 있는 걸까요?

동양과 서양은 예로부터 음식, 옷, 생활 도구, 광물 들을 끊임없이 주고받았어요. 그러다 보니 나라와 대륙 사이에 수천수만 갈래 길이 생겨났다가 사라지곤 했답니다.

"먹고살려면 어쩌겠나, 힘을 내라고!"
"에구, 힘들어."

지금으로부터 1,400년 전, 중국 당나라의 현장 스님이 먼 길을 떠납니다. 서쪽 머나먼 천축(오늘날 인도)에 가서 불교 경전을 가져오기 위해서였죠. 당시에 중국에서 인도로 가려면 비단길을 지나야 했어요. 비단길은 만년설로 뒤덮인 톈산산맥과 끝없는 타클라마칸사막으로 이루어져 있어요. 그중에서도 타클라마칸사막은 비단길 여행자들에게 죽음의 사막으로 불렸어요. 사막은 특수한 환경 때문에 아주 놀라운 자연 현상이 일어나곤 해요. 예를 들어 끝없이 펼쳐진 지평선 너머로 오아시스나 도시 같은 신기루가 불쑥 나타나지요. 반가운 마음에 쫓아가 보지만, 영영 그곳에 다다르지 못해요. 신기루는 사막의 열기가 만들어 낸 환상일 뿐이거든요.

'유동사구'라는 자연 현상도 있어요. 바람이 심하게 불면 모래언덕이 바람의 방향으로 이동하는데,

타클라마칸은 '돌아오지 못하는 사막'이라는 뜻이다.

멀리서 보면 산이 움직이는 것처럼 보여요. 조금 전까지 걸어왔던 길마저 없어지면 어디가 어디인지 분간을 못하고 길을 잃어버려요.

또 '카라부란'이라는 사막 폭풍이 불면 엄청난 굉음과 함께 모래가 날려서 하늘을 덮어 버려요. 그러면 갑자기 세상이 깜깜해져 아무것도 보이지 않죠. 옛사람들은 나쁜 괴물이 세상의 밤낮을 바꾸어 버렸다고 생각했지요.

사막에서 이처럼 놀라운 자연 현상을 겪은 사람들은 나쁜 귀신이나 무서운 괴물이 나타나 요술을 부린다고 생각했어요. 따라서 사막을 여행하는 사람들은 사막 안내자의 도움을 받아야 했지요. 현장법사도 사막 마을에 살던 길 안내자의 도움을 받았답니다. 이 안내자들은 능숙한 솜씨로 화염산을 지나고, 홍수를 피하고, 신기루를 알아차리고, 모래바람 속에서도 길을 찾아냈지요.

비단길을 건너려면 내 도움을 받으셔.

비단길은 아시아, 인도, 아라비아, 유럽에 있는 수천 갈래 길을 일컫는 말이에요. 이 길을 통해 각 지역에서 나는 물건과 정보를 실어 날랐죠. 비단길은 인류의 삶을 풍성하게 만들어 준 생명의 길이자 말씀의 길이었답니다.

사막의 안내자에서 임금을 지키는 수호신으로

현장법사가 천축에서 경전을 구해 당나라로 돌아오기까지는 무려 18년이 걸렸어요. 이것만 봐도 얼마나 힘든 여정이었는지 짐작할 만하죠? 현장법사가 가지고 온 불교 경전은 당나라 수도였던 장안(오늘날 중국 시안)에 지금까지 보관되어 있어요.

한편, 현장법사는 제자에게 여행 이야기를 들려주었어요. 제자인 변기 스님은 646년에 그 이야기를 《대당서역기》라는 책으로 엮어 냈지요. 물론 여기에는 타클라마칸사막과 사막 안내자들 이야기도 들어 있답니다. 중국 사람들은 《대당서역기》를 바탕으로 아주 다양한 전설과 설화를 만들어 냈어요. 그 과정에서 사막의 안내자들은 손오공, 저팔계, 사오정으로 탈바꿈했고요. 그들은 온갖 도술을 부려 악당들을 물리치고 현장법사를 천축까지 무사히 모셔 가지요.

이 멋진 이야기는 우리나라에도 전해졌어요. 현장법사 이야기와 천축에서 가져온 불경이 언제 처음 우리

현장법사

갈 때는 젊었는데 늙은이가 되어 돌아왔다네.

그래서 사람들은 온갖 위험을 무릅쓰고 비단길을 건너려 했죠. 이때 비단길을 잘 안내해 주는 길잡이가 꼭 필요했고요.

나라에 들어왔는지는 알 수 없어요. 아마도 통일신라시대 말기나 고려시대 초기였을 거예요.

당시 사람들은 오랜 고행 끝에 진귀한 불경을 구해 온 현장법사를 부처에 버금가는 스님으로 섬겼어요. 또한 현장법사와 함께 타클라마칸사막을 건넌 안내자들도 높이 기렸답니다. 말하자면 손오공, 저팔계, 사오정이 부처와 임금을 모시는 수호신이 된 거죠.

경복궁 추녀마루에 손오공, 저팔계, 사오정 조각품이 세워진 이유를 이제 알겠죠? 현장법사를 도와 나쁜 귀신과 무서운 괴물을 몰아 낸 것처럼, 궁궐을 악귀로부터 지켜 달라는 의미예요. 우리나라 임금이 사는 궁궐을 지키는 잡상이 1,400년 전 타클라마칸사막의 안내자라는 사실이 놀랍지 않나요?

수천 년 세월이 흐르면서 처음 모습과 달라졌지만, 거기 담긴 뜻은 변함없이 이어져 내려왔어. 이게 바로 문화의 힘이야.

천년의 세월을 건너온 사막의 안내자들

현장법사가 천축을 다녀온 지 천 년쯤 지난 뒤, 명나라 사람 오승은은 《대당서역기》와 사람들 사이에 전해 내려오는 이야기를 재미있게 고쳐서 소설로 펴냈어요. 이 소설책이 바로 《서유기》랍니다. 《서유기》는 중국과 아시아 지역에서 오늘날까지 널리 인기를 끌고 있어요.

게다가 《서유기》 내용을 뼈대로 해서 곁가지 이야기도 수없이 생겨났답니다. '치키치키 차카차카 초코초코초 나쁜 짓을 하면은' 하는 음악으로 시작하는 만화영화 〈날아라 슈퍼보드〉를 본 적이 있지요? 〈날아라 슈퍼보드〉의 이야기 뼈대는 《서유기》와 다르지 않습니다. 유명한 일본 만화 《드래곤볼》도 바탕 이야기를 《서유기》에서 빌려왔고요. 구름을 타고 여의봉을 휘두르는 손오공, 단순하고 화끈한 돼지 저팔계, 물속 나라 요괴 사오정은 어린이들의 멋진 친구로 변신하는 데 성공했지요. 문화는 이처럼 시간과 공간을 거슬러 늘 새로운 모습으로 살아 숨 쉬죠.

만약 천 년 전 사막의 안내자들에게 〈날아라 슈퍼보드〉를 보여주면 어떤 반응을 보일까요? 아마도 자기들 모습이 아니라고 펄쩍 뛸 거예요. 어떤 문화라도 오랜 세월을 거치면서 처음 모습은 사라지고 바뀌게 마련이에요. 하지만 꼼꼼히 들여다보면 그 안에는 반드시 실마리가 남아 있지요. 아주 희미한 실마리라도 말이에요. 그 실마리를 발견하는 순간, 우리는 천년의 시간 여행을 한 거나 마찬가지예요. 자, 이제 손오공, 사오정, 저팔계와 함께 사막의 여행자들을 만나러 가 볼까요?

영화 〈서유기〉의 한 장면

힌두교의 신, 할리우드에 가다

힌두교의 중요한 세 신

인도는 아시아 남쪽 한가운데에 있어요. 땅은 세계에서 일곱 번째로 크고, 인구는 무려 11억 명으로 세계에서 두 번째로 많아요. 인도 사람들은 대부분 힌두교를 믿어요. 힌두교는 기원전 2,500년경, 인더스 문명과 함께 시작되었다고 해요. 그만큼 오래되었고, 오늘날까지 인도의 생활과 문화, 정치 등 모든 분야에 커다란 영향을 끼친답니다.

브라마

힌두교에는 신들이 참 많아요. 3억3천만이나 되는 신들이 있다고 해요. 인도 사람 누구도 그렇게 많은 힌두교 신의 이름을 모두 기억하지는 못한답니다. 하지만 그게 문제될 건 없어요. 가장 위대한 세 신이 모습을 달리 해서 그 많은 신들의 모습으로 세상에 나타났기 때문이죠.

힌두교에서 가장 중요한 세 신은 브라마와 비슈누 그리고 시바예요. 브라마는 세상을 만들고, 비슈누는 세상을 유지해 주며, 시바는 세상을 파괴해요. 그러니까 세 신들이 세상을 만들고 유지시키고 다시 파괴하기를 되풀이하는 거지요.

비슈누

얼핏 보기에 세상을 만드는 브라마와 세상을 유지해 주는 비슈누는 좋은 신이고, 세상을 파괴하는 시바는 나쁜 신으로 생각할 수 있어요. 하지만 잘 생각해 보면 꼭 그렇지만은 않아요. 우리가 살고 있는 집을 예로 들어볼까요? 새로 지은 집은 깨끗하고 살기에 더없이 좋아요.

시바

그러다가 세월이 지나면서 벽도 허물어지고, 지붕도 새고, 가구도 망가져요. 사람들은 집 안 곳곳을 수리하고 보수하지요. 하지만 시간이 더 흘러 집이 너무 낡아 버리면 아무리 고쳐도 소용이 없어요. 그러면 집을 허물고 새로운 집을 지어야 하지요.

힌두교가 보기에 세상도 집과 다를 게 없어요. 우리가 사는 세상도 조금씩 고치고 바꾸는 걸로는 유지할 수 없는 시기가 온다는 거죠. 그때 시바 신이 낡은 세상을 한꺼번에 무너뜨려 줘요. 그래야 새로운 세상이 열릴 수 있으니까요.

우리는 모두 비슈누의 분신이야.

비슈누의 분신, 아바타르

힌두교의 위대한 세 신들 가운데 누가 가장 바쁠까요? 아무래도 비슈누겠죠. 비슈누는 세상을 유지하고 지키기 위해 늘 바쁘게 움직여야 했어요. 하지만 아무리 부지런하게 움직여도 세상에는 비슈누의 도움이 필요한 일들이 워낙 많아서 혼자서는 모든 일을 다 할 수가 없었어요. 그래서 비슈누는 열 개의 분신을 만들고 세상으로 보내 여러 가지 일을 하게 했어요. 인도 사람들은 이 분신들을 '아바타르'라고 불렀어요.

아바타르 가운데는 사람 형상도 있고 동물 형상도 있어요. 사람 모습을 한 아바타르로는 세상을 다스리던 라마왕과 불교 교리로 윤회의 비밀과 해탈의 지혜를 가르쳐 준 붓다가 있어요. 지구가 바다로 바뀌었을 때 지구를 구한 산돼지 바라하와 지구에 대홍수가 났을 때 사람을 구해 준 물고기 마츠야는 동물 모습을 한 아바타르였어요.

69

사이버 시대의 아바타르

　미국 소설가 닐 스티븐슨은 1992년에 과학 소설 《스노 크래시》를 발표했어요. 이 소설에서는 가상 세계가 펼쳐지는데, 사람들이 여기에 들어가려면 가상 인물(분신)이 필요해요. 이 가상 인물을 닐 스티븐슨은 '아바타'라고 이름 지었어요. 비슈누의 분신 아바타르를 영어식으로 발음한 거지요. 이때부터 아바타는 현대 문화의 어떤 현상을 일컫는 아주 중요한 말이 되었어요.

　아바타를 소재로 다룬 영화 〈매트릭스〉를 한번 볼까요? 〈매트릭스〉에서 사람들은 컴퓨터가 만든 가상 세계에서 허깨비 삶을 살아가지요. '현실'을 깨달은 몇몇 사람들은 아바타를 이용해서 가상 세계로 들어가 싸웁니다. 가상 세계 속 아바타는 아주 자유롭게 행동하지만, 현실의 주인과

영화 〈매트릭스〉의 한 장면

아주 긴밀하게 연결되어 있어요. 예를 들어 아바타가 느끼는 감정을 현실의 주인도 고스란히 느껴요. 아바타가 다치면 주인도 생명의 위협에 빠지고요. 말하자면 주인과 아바타는 서로에게 큰 영향을 주고받는 거죠. 그러다가 나중에는 현실과 가상 세계가 뒤엉켜 누가 주인이고 누가 아바타인지 헷갈릴 지경이 됩니다. 말하자면 아바타는 복잡하고 어지러운 현대 사회를 상징적으로 보여주는 셈이지요.

아바타는 인터넷 문화에도 아주 커다란 영향을 끼쳤어요. 우리는 인터넷에서 메신저를 할 때 아바타로 자기 모습을 내보여요. 또 온라인 게임을 할 때도 자기를 대신하는 애니메이션 캐릭터를 사용하고요. 이렇게 아바타는 사이버 공간(가상 세계)에서 아주 자연스런 문화가 되었어요. 나이면서 동시에 내가 아닌 아바타는, 비록 그 모습은 아주 다르지만, 힌두교의 아바타르가 지닌 의미와 절묘하게 맞아떨어져요. 힌두교에서 생겨난 신들의 이야기가 현대의 사이버 문화로 새롭게 태어난 순간이에요.

인터넷 세상에서 우리는 저마다 아바타를 통해 자기를 내보이지요. 수천 년 전 힌두교 문화가 현대 문화로 거듭나는 순간이에요.

커피 한 잔에 담긴 세계사

커피나무를 발견한 염소

 세계에서 가장 인기 있는 음료로는 커피가 첫손가락에 꼽혀요. 우리나라만 해도 커피를 전문으로 파는 가게가 마을마다 거리마다 자리 잡고 있으며, 누군가와 이야기를 나눌 때면 으레 커피를 마시곤 해요. 사람들은 언제부터 커피를 마셨을까요? 또 어떻게 온 지구마을로 퍼져 나갔을까요?

동아프리카 에티오피아에는 커피와 관련된 옛이야기가 전해 옵니다. 양치기 소년 칼디는 어느 날 염소들이 흥분해서 이리저리 뛰어다니는 모습을 보았어요. 어떤 나무에 열린 빨간 열매를 먹고 나면 그런 행동을 하곤 했지요. 궁금해진 칼디도 직접 열매를 먹어 보았어요. 그랬더니 피로가 사라지면서 기분이 좋아졌어요.

칼디는 이슬람 사원 수도승에게 이 사실을 알렸어요. 놀랍게도 빨간 열매는 잠을 쫓아내고, 정신을 말똥말똥하게 해주었어요. 신비한 효능을 경험한 수도승들은 너도나도 빨간 열매를 찾았어요. 이 빨간 열매가 바로 커피랍니다. 에티오피아에서는 9세기경에 이미 커피가 널리 퍼져 있었답니다.

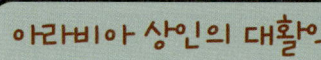 아라비아 상인의 대활약

커피는 13세기 중반에 이집트와 바다 건너 아라비아반도까지 퍼졌어요. 아라비아 사람들은 커피나무 열매를 볶은 다음 물에 타서 마시기 시작했어요. 커피의 또 다른 맛을 발견하면서, 더 많은 사람들이 커피를 찾게 됐지요. '커피'라는 이름도 이때 붙여졌는데, 아라비아 말로 힘을 뜻하는 '카파'에서 비롯되었다고 해요.

커피가 큰 인기를 끌자 아라비아에서도 커피나무를 재배하기 시작했어요. 아라비아반도의 예멘 중부 고원은 햇빛이 강렬하지만 구름과 바람과 안개가 늘 선

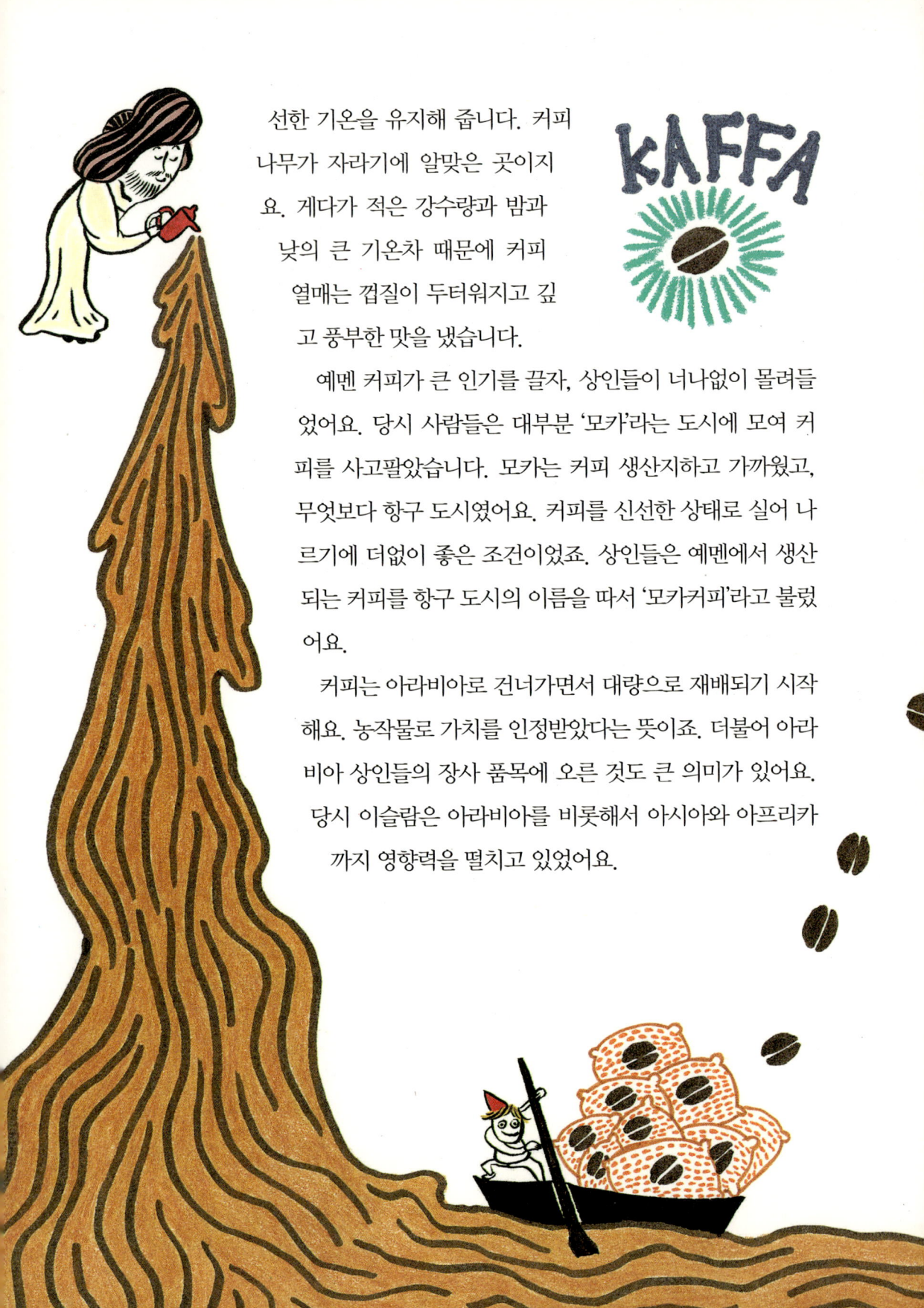

선한 기온을 유지해 줍니다. 커피 나무가 자라기에 알맞은 곳이지요. 게다가 적은 강수량과 밤과 낮의 큰 기온차 때문에 커피 열매는 껍질이 두터워지고 깊고 풍부한 맛을 냈습니다.

예멘 커피가 큰 인기를 끌자, 상인들이 너나없이 몰려들었어요. 당시 사람들은 대부분 '모카'라는 도시에 모여 커피를 사고팔았습니다. 모카는 커피 생산지하고 가까웠고, 무엇보다 항구 도시였어요. 커피를 신선한 상태로 실어 나르기에 더없이 좋은 조건이었죠. 상인들은 예멘에서 생산되는 커피를 항구 도시의 이름을 따서 '모카커피'라고 불렀어요.

커피는 아라비아로 건너가면서 대량으로 재배되기 시작해요. 농작물로 가치를 인정받았다는 뜻이죠. 더불어 아라비아 상인들의 장사 품목에 오른 것도 큰 의미가 있어요. 당시 이슬람은 아라비아를 비롯해서 아시아와 아프리카까지 영향력을 떨치고 있었어요.

덕분에 아라비아 상인들은 세계 경제를 주름잡고 있었죠. 커피는 대량으로 생산되고 널리 수출되면서 세계인의 입맛을 길들여 갔답니다.

아라비아 상인 하면, 낙타와 사막이 떠오르지만, 뛰어난 항해술로도 유명했다고!

삼각 돛으로 바람을 품어 자유자재로 방향을 바꾸며 항해하던 아라비아 배 도우

유럽으로 건너간 커피의 변신

커피가 유럽으로 전해진 사연도 흥미롭습니다. 아라비아 이슬람교와 유럽 기독교 사이에는 오랫동안 전쟁이 끊이지 않았어요. 13세기부터 세력을 키워 오던 오스만제국은 1682년에 신성로마제국의 수도 빈을 공격했어요. 오스만제국 군대는 두 달 넘게 빈을 둘러싸고 매서운 공격을 퍼부었어요. 신성로마제국은 공포에 휩싸였지요.

때마침 폴란드 장사꾼 콜스키츠키는 통역 일을 하며 오스만제국 군대에 몸 담고 있었어요. 그는 유럽 연합군이 빈으로 향하고 있다는 소식을 전해 들었지요. 콜스키츠키는 그 소식을 신성로마제국에 알렸어요. 덕분에 빈 사람들은 다시 힘을 얻었고, 유럽 연합군과 힘을 합쳐 오스만제국 군대를 물리쳤어요.

전쟁에서 패한 오스만제국 군대는 급하게 물러나면서 아주 많은 물건을 남겨 두었어요. 콜스키츠

오스만제국은 아라비아, 북부 아프리카 지역을 물론이고 발칸반도와 흑해, 지중해, 유럽 남동부 등 거대한 영토를 다스렸어요. 오스만제국은 페르시아(이슬람)와 비잔티움(기독교) 문화를 받아들여 그들만의 독특한 색깔을 만들어 냈어요. 오스만제국의 문화는 유럽 르네상스에 큰 영향을 주었답니다.

달콤한 크림을 얹은
유럽식 커피

키는 그 가운데 검은 열매가 담긴 포대를 상으로 달라고 했어요. 오랜 장사 경험으로 그게 커피라는 사실을 대번에 알아챈 거죠. 콜스키츠키는 그 커피로 빈에 커피 가게를 열어 큰 부자가 되었대요.

그러고 보니 전쟁이 커피를 유럽에 소개한 셈이네요. 이처럼 커피에는 전쟁의 역사도 녹아들어 있답니다. 전쟁은 모든 걸 파괴하기도 하지만, 때로는 문화가 오가는 다리가 되기도 했지요.

한편, 유럽 사람들에게는 막 걸러 낸 커피가 너무 진했나 봐요. 그래서 그들은 커피에 우유나 크림을 넣어서 마셨어요. 커피는 한결 부드럽고 달콤한 맛으로 새롭게 태어났답니다.

변신에 성공한 커피는, 마침 중세시대를 벗어나던 유럽 사회의 분위기와 맞물려 큰 인기를 끌었어요. 곳곳에 커피를 파는 전문점(카페)이 생겨났고, 여기에 지식인과 예술가 들이 모여 정보를 나누고 열띤 토론을 벌이곤 했지요. 커피는 자유와 변화의 상징이 되었어요.

고대 전쟁은 때로 문화를 빠르게 전달하는 다리 역할을 했어요.

태평양과 대서양을 건넌 커피

유럽 강대국들은 17세기부터 대서양과 태평양을 오가며 식민지를 개척했어요. 그들은 식민지에서 농작물과 광물을 가져다가 다른 나라에 팔아서 이익을 챙겼어요. 커피도 그중 하나였지요. 유럽 강대국들은 식민지 가운데 커피나무가 자라기에 적당한 곳을 찾아 다녔어요. 아라비아와 아프리카에서 생산된 커피로는 수요를 감당할 수 없었거든요.

결국 찾아낸 곳이 동남아시아와 남아메리카예요.

동남아시아와 남아메리카는 너른 땅과 값싼 노동력을 앞세워 단숨에 커피 생산의 선두 주자로 떠올랐어요.

이전에 커피는 성직자와 귀족 들만 마실 만큼 귀했지만, 이제는 누구나 즐기는 음료가 되었어요. 커피는 이렇게 전 세계 사람들의 사랑을 받게 되었답니다. 커피가 대중적인 음료로 자리 잡기까지는 미국의 역할도 컸어요. 미국에서는 1773년을 아주 특별한 해로 기억해요. 당시 영국은 식민지였던 미국에 홍차를 팔 수 있는 권리를 동인도회사에 독점적으로 주었어요. 미국 상인들이 홍차를 팔 수 없게 한, 지나친 간섭이었지요. 여기에 화가 난 미국인들은 보스턴에서 홍차를 실은 영국 배를 불 질렀어요. 이 보스턴 차 사건을 계기로 미국은 본격적인 독립운동을 벌이게 됩니다. 사실 이전까지만 해도 미국 사람들은 영국 문화의 영향으로 홍차를 주로 마셨어요. 하지만 보스턴 차 사건 뒤로 미국인은 홍차를 멀리했고, 홍차를 대신할 만한 음료를 찾았어요. 그게 바로 커피였지요. 미국인은 커피에 물을 많이 부어서 연하게, 자주 마셨어요. 그래서 연한 커피를 아메리카 사람들이 마시는 커피라는 뜻으로 '아메리카노'라고 부른답니다. 미국은 오늘날 가장 커피를 많이 소비하는 나라입니다.

씁쓸한 게 왠지 내 신세를 달래 주는구나.

커피 한 모금, 생각 한 조각

커피는 오늘날 세계에서 가장 많이 팔리는 음료예요. 물론 커피가 어떤 음료보다 독특한 맛을 내기 때문에 사람들이 즐겨 찾는 거겠죠. 하지만 달리 생각해 보면

우리나라에는 대한제국 시절에 외국 공사관과 선교사를 통해 처음 커피가 들어왔어요. 고종은 특히 커피를 즐겨 마셨다고 해요.

커피는 아프리카의 야생에서 자라던 나무로 머무를 수도 있었어요. 종교와 전쟁과 경제적인 이유 때문에 세계로 퍼져 나갔지요. 하나의 문화가 세계로 퍼져 나갈 때는 반드시 그럴 만한 이유가 따르게 마련이랍니다.

더불어 커피는 시대에 따라, 지역에 따라 다른 문화와 만나면서 여러 모습으로 바뀌었어요. 정신을 맑게 해 주는 마법의 약이었다가, 우아하고 기품 있는 귀족의 차였다가, 고된 노동을 달래 주는 서민의 음료가 되기도 했어요. 커피를 받아들이면서 자신의 처지에 맞게 맛을 바꾸고 거기에 나름의 의미를 덧붙인 거지요.

오늘날, 사람들은 커피를 마시는 자신을 어떤 모습으로 보이고 싶어 할까요?

아프리카의 영혼이 깃든 악기

아프리카의 전통 악기

 실로폰을 연주해 본 적이 있나요? 실로폰은 막대로 철판을 두드려 예쁜 소리를 내는 간단한 악기예요. 연주하기도 아주 쉽지요. 누가 이렇게 멋진 실로폰을 맨 처음 생각해 냈을까요?

 오랜 옛날, 악기가 없던 시절에 사람들은 나무토막을 막대로 치면서 노래를 불렀어요. 그러다가 나무토막의 길이와 두께에 따라 서로 다른 소리가 난다는 사실을 발견했지요. 사람들은 크기가 다른 나무토막을 쳐서 높고 낮은 소리를 냈어요. 말하자면 음을 연주하는 악기를 발명한 거지요.

 다시 오랜 시간이 흐른 뒤에 아프리카 짐바브웨 지역 사람들이 '발라폰'이라는 악기를 만들었어요. 크기가 다른 여러 나무토막을 얇게 잘라 연

결하고, 각각의 나무토막 아래에 조롱박을 매달았지요. 이 발라폰은 앞선 나무토막 악기에 견주어 소리가 깊고 은은하게 울렸어요.

짐바브웨 사람들은 탄생, 결혼, 장례, 추수 같은 중요한 행사 때마다 발라폰을 연주했어요. 그 멋진 소리에 흠뻑 빠진 이웃 부족 사람들도 발라폰 만드는 법과 연주하는 법을 배워 갔어요. 발라폰은 점점 아프리카 여러 지역으로 퍼져 나가며, 다양한 모습과 소리를 갖게 됐어요. 발라폰은 아프리카의 전통 악기로 자리 잡았지요. 아프리카에서는 노래를 부르거나 악기를 연주하는 자리에 발라폰이 빠지지 않고 등장해요.

발라폰 박자에 맞춰 신나게 몸을 흔들어!

노예의 영혼을 달래 주던 악기

아메리카 대륙 원주민들은 아주 오랜 옛날부터 잉카, 아스텍, 마야 등 다양한 문명을 이루고 살았지요. 그런데 1492년 이탈리아 탐험가 콜럼버스가 아메리카 대륙에 도착했어요. 뒤이어 유럽인들이 앞다투어 아메리카 대륙으로 건너가 자기네 식민지로 삼았어요.

유럽인들은 아메리카 고대 문명을 무자비하게 무너뜨렸어요. 황금을 약탈하고, 빼어난 건축물들을 모두 파괴했어요.

아메리카 원주민들은 갖은 박해와 질병으로 인구가 크게 줄었어요. 그러자 유럽인들은 아프리카 원주민들을 강제로 데려와서 부족한 일손을 메웠지요. 아프리카 사람들은 영문도 모른 채 잡혀가 노예로 지내야 했지요. 고된 노동과 매서운 채찍질에 시달리던 노예들은 고향 마을과 헤어진 가족들이 사무치게 그리웠을 거예요.

유럽 강대국들은 16~19세기에 뛰어난 항해술과 무기를 앞세워 세계 곳곳을 식민지로 삼았어요. 이 기간에 무려 1,200만 명이 넘는 아프리카 원주민을 잡아 아메리카와 유럽에 노예로 팔아넘겼고요. 노예무역으로 얻는 이익이 한때 유럽 산업 규모의 절반에 이를 정도였지요. 여기에는 백인 우월주의와 다른 문화에 대한 뿌리 깊은 편견이 자리 잡고 있었지요.

이때 아프리카 원주민들의 영혼을 달래 주던 악기가 바로 '마림바'에요. 마림바는 발라폰을 본떠 만들었어요. 철판 길이를 다르게 잘라 음높이를 조절하고, 철판 아래에 둥근 관을 달아 울림통으로 썼지요.

마림바는 깊고 은은하고 맑은 소리를 내지.

실로폰이 세상에 나오기까지

마림바의 선율은 아주 밝으면서도 왠지 모르게 슬퍼요. 그래서인지 아메리카 음악을 연주할 때 빼놓을 수 없는 악기로 자리 잡았지요. 그런데 마림바는 아주 커서 만들기도 어렵고 가지고 다니기도 불편하고 연주하기도 힘들지요. 그래서 크기를 작게 만들고 철판 아래 달린 관도 없앴어요. 이렇게 만든 악기가 오늘날 우리에게 친숙한 실로폰이에요.

살펴본 것처럼 아프리카의 전통 악기 발라폰이 아메리카로 전해져서 마림바가 만들어지고, 이를 바탕으로 작고 간편한 실로폰이 탄생했어요. 그러니까 실로폰의 할아버지는 아프리카의 발라폰인 셈이죠. 실로폰이 아프리카에서 유래했다니, 신기하지요? 이 밖에 우리 주변에 아프리카에서 처음 생겨나서 세계로 퍼져 나간 물건과 문화에는 어떤 게 있는지 한번 찾아보세요.

아프리카 고대 악기 발라폰의 놀라운 생명력은 실로폰까지 이어지고 있어요.

오늘날에는 한 나라의 문화가 다른 나라 문화와 빠르게 뒤섞여서 새로운 문화를 만들어 내지요. 그야말로 온 지구마을이 하나의 문화를 이루면서 살아가고 있답니다. 이처럼 여러 문화가 뒤섞여 새로운 문화를 만들어 내는 것을 '문화 융합'이라고 해요. 문화 융합의 사례로는 케이팝(K-Pop)을 들 수 있어요. 요즘 우리나라 아이돌 그룹들이 온 세계에 케이팝을 유행시키고 있어요. 케이팝은 서양 문화인 팝송(Popular song)에 한국(Korea)적인 색깔을 입힌 음악을 뜻해요. 1900년대 초에 미국에서 인기를 얻기 시작한 서양의 대중가요, 팝송은 우리나라에 1960년대부터 본격적으로 소개되면서 국내에서도 많은 사랑을 받았어요. 이를 바탕으로 1990년대 들어 우리나라만의 독특한 아이돌 문화가 생겨났고, 대중문화로 지금껏 발전해 왔지요. 그러니까 케이팝은 서양 문화에 한국적인 색깔이 섞여서 새롭게 태어난 문화인 거죠. 이 같은 문화 융합 현상은 어느 시대에나 끊임없이 있어 왔답니다. 텔레비전과 인터넷이 없던 시대에도, 좀 더디기는 했지만 마찬가지 일들이 있었어요. 한 사회가 새로운 문화를 어떻게 받아들이고, 그걸 어떤 문화로 창조해 냈는지 좀 더 알아볼까요?

김치, 고추와 배추를 만나다

우리는 언제부터 김치를 먹었을까

우리나라를 대표하는 음식에는 김치, 불고기, 비빔밥이 있어요. 그중에서도 가장 많이 알려진 음식은 아무래도 김치예요. 김치는 배추, 무 등을 소금에 절여 씻은 다음 고춧가루, 파, 마늘, 생강 같은 양념과 젓갈을 넣어 버무리고 발효시킨 음식이에요. 우리는 밥을 먹을 때 꼭 김치를 같이 먹어요. 평소에는 김치를 좋아하지 않던 사람도 외국에 나가 며칠 동안 느끼한 음식만 먹다 보면 식사 때마다 김치 생각이 나지요.

김치는 우리나라 밥상에 빠지지 않고 오르는 음식이에요. 찰진 밥 한 숟가락에 매콤시큼한 김치 한 조각은 환상의 궁합을 자랑하지요.

김치는 종류도 굉장히 많아요. 배추김치, 무로 만든 깍두기김치, 오이김치, 열무김치, 물김치, 갓김치……. 또 김치로 요리한 음식도 김치찌개, 김치 부침개, 두부김치, 김치 볶음밥, 김치 김밥 등 아주 많아요. 최근에는 김치 햄버거, 김치 피자, 김치 스파게티 같은 새로운 음식도 만들어 먹지요. 우리나라 사람들은 언제부터 김치를 먹기 시작했을까요?

여러 종류 김치

뒤섞고 버무려서 만든 새로운 맛

김치는 2,000년 전 삼국시대부터 만들기 시작했어요. 겨울철에도 채소를 먹을 방법을 찾다가 채소를 소금에 절이면 오랫동안 상하지 않는다는 사실을 알게 되었거든요. 이걸 처음에는 '담근 채소'라는 의미로 '침채'라고 불렀어요. 침채는 오늘날의 김치와 사뭇 달랐어요. 아직 고춧가루도 배추도 없었으니까요. 그러니까 침채는 그저 짜디짠 소금에 절인 푸성귀일 뿐이었죠.

그러면 고추와 배추는 언제, 어디서 우리나라로 들어왔을까요? 먼저, 배추는 본디 지중해 지역에서 생겨나서 중앙아시아를 거쳐 2,000년 전쯤에 중국으로 건너왔어요. 우리나라에는 고려시대 《향약구급방》(1236)에 '배추'라는 이

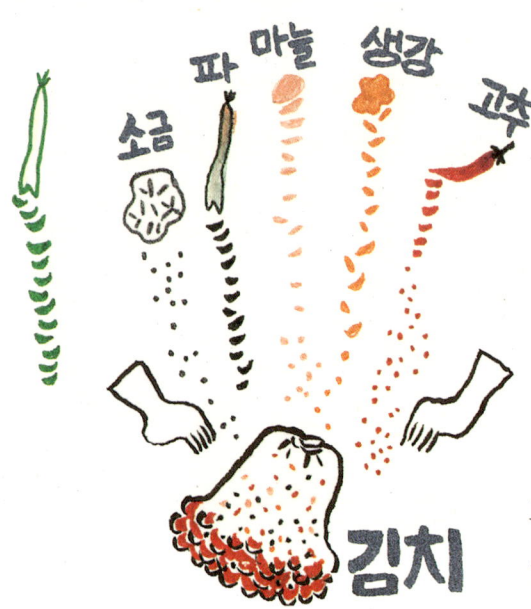

름이 처음 등장해요. 이때까지만 해도 배추는 아주 귀해서 일상적인 먹거리가 아니라 약재로 사용되었어요. 18세기에는 품종이 개량된, 속이 꽉 찬 배추가 중국에서 들어왔어요. 하지만 재배 환경이 맞지 않아서 여전히 침채의 주요 재료는 무였지요. 우리 토양에 맞는 배추를 개발한 건 1800년대였는데, 이즈음에 또 하나의 중요한 사건이 일어났어요. 바로 고추의 등장이에요.

고추는 본디 중앙아메리카에서 자라던 식물이에요. 16세기 초에 아메리카로 진출한 스페인이 이걸 유럽에 소개했고, 유럽에서 다시 일본으로 건너왔어요. 그러다가 임진왜란(1592) 즈음에 우리나라에 전래됐다고 해요. 이 고추가 널리 재배되고, 음식 재료로 쓰인 건 1800년대 들어서였어요. 생활 백과 책 《규합총서》(1809)에는 '고추를 김치나 그 밖의 음식에 알맞게 쓰면 맛도 좋아지고, 음식이 상하지 않는다'는 내용이 나와 있어요.

그러니까 19세기 들어 지중해의 배추와 중앙아메리카의 고추가 한반도에서 딱 만난 거예요. 우리나라 사람들은 김치를 소금에 절이고, 고춧가루 양념을 버무려서 김장을 담갔어요. 이렇게 해서 매콤시큼한 배추김치가 탄생하게 되었답니다. 물론 이즈음에 무를 비롯한 다른 채소들도 고추를 만나 멋지게 변신했고요.

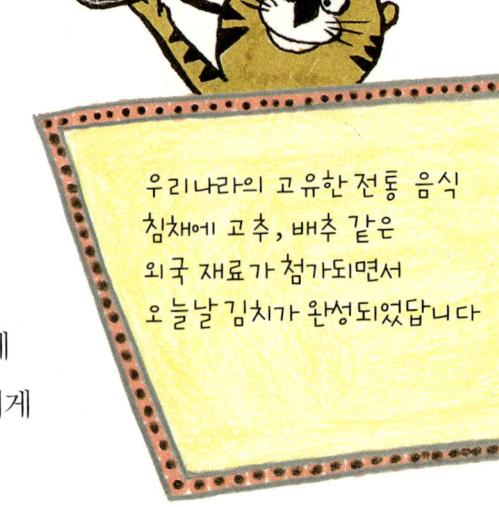

우리나라의 고유한 전통 음식 침채에 고추, 배추 같은 외국 재료가 첨가되면서 오늘날 김치가 완성되었답니다.

백 년 뒤 김치의 모습은?

1988년 우리나라에서 올림픽이 열리면서 김치는 세계 여러 나라에 한국을 대표하는 음식으로 알려졌어요. 2001년 국제식품규격위원회는 김치를 정식으로 한국 전통 음식으로 지정했지요. 김치는 맛도 좋지만 자연 상태에서 발효시켜 유산균이 많은 까닭에 건강에도 좋아요. 오늘날 김치는 세계인이 즐겨 먹는 음식으로 자리 잡았어요.

세계로 수출되는 김치

김치의 대표주자인 배추김치는 배추를 소금에 절여 씻은 다음 고춧가루에 버무려 발효시킨 음식이에요. 앞서 살폈듯이 배추김치에 들어가는 주재료 배추와 고추는 다른 나라에서 들여왔어요. 그때 우리 조상들이 고추와 배추를 김치 재료로 사용하지 않았다면 어땠을까요? 우리는 지금도 2천 년 전 그랬던 것처럼 채소를 소금에 절인 짠 김치만을 먹고 있을지도 몰라요. 물론 김치가 세계인의 음식으로 알려지지도 않았을 테고요. 다른 나라 문화를 받아들여 우리 문화로 버무려 내는 조상들의 지혜와 솜씨가 놀랍지 않나요?

어쩌면 백 년쯤 지난 뒤에는 다른 나라에서 우리나라 김치를 받아들여 새로운 음식으로 탄생시킬 수도 있겠지요. 문화는 그렇게 흐르고 섞여 새로운 문화를 만들어 내니까요.

> 김치를 바탕으로 색다른 음식을 만들어 낼 거야!

우주선을 타고 온 아프리카 나무 의자

외계인은 어떻게 생겼을까

 1982년, 세계를 깜짝 놀라게 한 영화가 한 편 상영되었어요. 스티븐 스필버그 감독이 만든 〈E. T.〉라는 공상 과학 영화예요. 영화 내용을 잠깐 소개해 줄게요.
 어느 날 한적한 숲속에 우주선이 나타났어요. 우주선에서 내린 외계인들은 숲에서 흙과 풀과 나무 들을 채집해서 돌아가지요. 그런데 그 와중에 한 외계인이 우주선에 타지 못하고 지구에 남았어요. 외계인은 당황하며 헤매다가 어느 집에 숨어들었고, 그 집 아이들에게 그만 들키고 말아요. 두쪽 모두 서로의 낯선 모습에 깜짝 놀라지만 금세 서로 친구가 돼요. 아이들은 외계인을 쫓는 어른들을 멋지게 따돌리고 외계인이 고향으로 돌아가도록 도와준답니다.

외계인이 초능력을 사용하여 지구 아이들과 함께 자전거를 타고 보름달이 떠 있는 하늘을 가로질러 나는 장면은 영화 역사에 길이 남을 장면으로 손꼽히지요.

영화 속 외계인의 모습은 우리와 전혀 다르게 생겼어요. 얼굴이 옆으로 길쭉하고, 눈이 크고, 머리카락이 없어요. 또 온몸에 주름이 있고, 배꼽이 툭 튀어나와 있어요. 외계인은 아주 낯설지만, 그렇다고 무섭게 보이지는 않아요. 오히려 귀엽고 친근한 느낌이에요. 이렇게 귀엽고 재미있는 외계인의 모습은 어떻게 만들어졌을까요? 스필버그 감독은 어디서 영감을 얻었을까요? 그 비밀을 알려면 멀리 아프리카로 떠나야 해요.

영화 〈E.T.〉의 한 장면

조각의 달인, 티카 부족

카메룬은 아프리카 서쪽에 있는 나라예요. 맨 처음에는 피그미 부족이 살았는데, 나중에 여러 부족이 모여들어서, 현재는 150여 개 부족이 서로 어울려 살고 있어요.

카메룬의 여러 부족 가운데서도 티카 부족은 유난히 생활 도구에 조각하기를 좋아해요. 그들의 작품들 가운데 사람 몸을 본떠서 조각해 놓은 나무 의자는 정말 특별해요. 의자는 등받이 없이 사람

티카 부족은 나무로 만든 침대, 식탁, 의자, 그릇에 섬세하고 화려한 조각 그림을 새겨 넣었어요. 생활 도구 하나하나가 예술품이죠.

머리 부분에 엉덩이를 걸치게 만들어져 있어요. 덕분에 머리는 옆으로 둥그스름하게 조각되어 있지요. 머리가 그렇다 보니 눈, 코, 입도 옆으로 길쭉한 모양이에요. 또 몸통은 납작하게 눌린 모습이고요. 두 손은 가슴에 모으고, 배는 불룩 튀어나오고, 다리는 거의 보이지 않고 발만 널찍하게 조각되어 있죠. 앉기 편하게 하려고 사람의 모습을 이처럼 과장하고 생략해서 조각했을 거예요.

이 의자는 특별한 날에, 특별한 사람만 사용한대요. 예를 들어 부족 회의를 하는 족장이나, 자식의 결혼식을 치르는 신랑과 신부의 부모처럼요.

티카 부족이 만든 나무 의자

나무 의자에서 찾아낸 외계인

스필버그 감독은 〈E.T.〉를 만들면서 한 가지 문제에 부딪혔어요. 외계인 모습이 도무지 떠오르지 않는 거예요. 오랫동안 고민했지만, 사람과 아주 달라서 낯설면서도 친근한 모습을 그려 내기가 여간 어렵지 않았어요.

그러던 중 스필버그 감독은 아프리카 카메룬을 여행하면서, 우연히 티카 부족 마을을 방문하게 됐어요. 그리고 거기서 운명적인 만남을 맞이하지요. 요상하게 생긴 나무 의자를 본 스필버그 감독은, "그래, 바로 이거야! 내가 찾던 외계인 모습이라고!" 하고 환호성을 질렀어요.

아프리카 문화에는 낯선 존재를 친근하고 포근하게 표현하는 경우가 많아요. 스필버그는 나무 의자를 보고 자기 영화 속 외계인이 이런 모습이어야 한다는 사실을 대번에 알아챈 거죠. 자기가 영화 속에 담으려고 한 외계인(낯선 존재)도 우리와 아주 다른 모습과 능력을 지녔지만 알고 보면 따뜻하고 정감 있는 존재였거든요. 말하자면 스필버그는 나무 조각 모습뿐만 아니라, 거기 담겨 있는 티카 부족의 정신 문화까지 받아 안은 거죠. 여행에서 돌아오자마자 스필버그 감독은 영화 〈E.T.〉를 만들었어요. 티카 부족 나무 의자를 바탕으로 외계인 모습을 완성한 다음, 현대 기술을 끌어 모았어요. 그 결과 외계인이 정말 살아 움직이는 것 같은 자연스러운 장면을 만들어 냈지요. 이렇게 아프리카 전통 문화와 미국 현대 문화가 만나 역사에 길이 남을 영화가 탄생했답니다. 그 뒤 외계인을 주제로 한 거의 모든 영화에서 〈E.T.〉의 흔적을 발견할 수 있을 정도예요.

사실 티카 부족 나무 의자에는 어떤 주술적인 바람이 담겨 있다고 해요. 부리부리한 얼굴은 나쁜 기운을 물리치는 힘을, 툭 튀어나온 배와 배꼽은 많은 자손과 풍요를 상징하죠. 어쩌면 정말로 티카 부족 나무 의자의 특별하고 신비한 힘이 현대 문화에 영향을 끼쳤는지도 몰라요. 〈E.T.〉가 그렇게 큰 성공을 거두고 오래도록 많은 사랑을 받고 있는 걸 보면 말이에요.

티카 부족 나무 의자는 우스꽝스럽고 친근하게 표현된 사람의 모습을 하고 있어요. 스필버그 감독이 표현하고 싶었던 외계인의 모습도 꼭 그랬어요.

세계의 첨단 기술을 한데 버무리다

중국 청자의 비밀을 풀어라!

우리나라에는 세계에 자랑할 만한 문화유산이 많이 있어요. 그중에는 고려 시대 상감청자도 빼놓을 수 없지요. 파르스름한 빛깔과 섬세한 상감 기법은 현대 기술로도 되살리지 못할 만큼 빼어납니다. 고려 사람들은 어떻게 상감청자를 만들어 냈을까요?

고려시대에는 차 문화가 발달했어요. 고려는 불교 국가였는데, 승려들에게 차는 부처에게 제를 올릴 때 쓰는 주요한 공양물이자 졸음을 쫓아 주는 음료였어요. 차를 이처럼 소중하게 여기다 보니 차를 담아 마시는 그릇도 덩달아 아주 중요한 물건으로

사람들은 처음에는 찰흙을 빚어 말리거나, 나무를 깎아 그릇을 만들었어요. 그러다가 흙을 불에 구우면 더 단단해진다는 사실을 알아냈고, 중국 한나라 시대에 드디어 1,200도가 넘는 센 불을 머금고 반짝반짝 빛을 뿜어내는 도자기를 발명했지요.

청자 만드는 비법이 뭐냐고? 쉿! 비밀이야.

여겼어요. 도공들은 찻물 색깔과 가장 잘 어울리는 그릇 색을 찾아내기 위해 온갖 노력을 기울였지요. 가장 먼저 눈에 들어온 것은 바로 중국 청자였어요.

옛 중국 사람들은 옥을 신비스러운 보석으로 생각했어요. 옥이 집안에 복과 평화를 가져온다고 믿었거든요. 특히 청록색이 은은하게 빛나는 옥으로 만든 장신구와 공예품 들을 아주 좋아했어요. 하지만 청록색 옥은 흔하지 않았고, 당연히 값비싸게 거래되었죠.

▲ 중국 송나라 청자

그래서 중국 도공들은 옥 색깔을 띠는 그릇을 만들려고 애썼고, 갖은 노력 끝에 8세기에 옥색과 거의 비슷한 도자기(청자)를 만들어 냈어요. 중국 사람들은 청자 색깔을 자랑하며 '비색', 곧 '비밀스러운 색깔'이라는 이름을 붙여 주었어요.

청자의 비밀은 표면에 바르는 물감(유약)에 있어요. 유약에 들어 있는 철 성분이 강한 불과 만나면서 색깔이 바뀌는 거죠. 문제는 철 성분의 농도와 불 온도와 불 때는 시간에 따라 색깔이 제각각 달라진다는 데 있어요. 물론 중국에서는 아름다운 색을 내는 기술을 절대 비밀에 붙였어요. 다른 나라에서 쉽게 따라하지 못해야 무역을 통해 많은 돈을 벌어들일 수 있었으니까요. 당시 중국의 청자는 세계에서 가장 빼어난 도자기였어요. 비단과 함께 중국 무역의 가장 주요한 품

> 고대에서 중세까지 중국은 세계 무역의 중심지였어요. 특히 누에에서 뽑아낸 실로 짠 비단과 단단하고 화려한 도자기는 중국이 자랑하던 최첨단 상품이었지요. 무역을 통해 쌓은 경제력으로, 중국은 다양하고 깊이 있는 문화를 꽃피웠답니다.

고려도 훌륭한 도자 기술을 지녔지만 아직 비색을 띠는 도자기를 만들지는 못했어요. 이럴 때는 앞선 기술을 적극 받아들여서 배워야 해요. 고려 도공들은 중국 청자를 바탕으로 수천수만 번 실험을 거쳐 고려만의 색깔을 만들어 냈어요.

목 가운데 하나였지요. 도자기는 충격에 약하기 때문에 말이나 낙타보다는 배로 운반하는 게 더 안전해요. 그래서 중국과 인도, 아라비아를 잇는 해상 무역이 크게 발달했고, 무역로는 지중해를 거쳐 유럽까지 확대됐지요. 이렇게 세계로 퍼져 나간 도자기는 아라비아와 유럽의 왕족과 귀족 들의 마음을 사로잡았죠. 도자기를 실어 나르던 바닷길을 비단길에 빗대 '도자기길'이라고 부르기도 해요.

상감 기법을 버무리다

당시 고려는 중국 송나라와 무역이 활발했어요. 많은 상인과 사신이 드나들면서 청자의 존재도 알게 되었죠. 고려 도공들은 중국 청자를 바탕으로 오랜 실험과 실패 끝에 고려만의 청자색을 만들어 냈어요. 은은하고도 깊은 빛깔이 청자 전체에서 고르게 배어 나오는 기술은 오히려 중국을 앞섰죠. 나중에는 송나라에서도 고려 청자가 천하제일이라고 인정할 정도였어요.

하지만 여기에 머물렀다면 고작 중국 청자의 복제품이라는 평가를 받았을 거예요. 도공들은 고려만의 청자를 만들기 위해 땀을 쏟아부었어요. 특히 청자 표면에 그림을 그려 넣기 위해 수천수만 번 실험을 되풀이했어요. 청자가 파르스름한 비색을 띠기 위해서는 유약을 아주 얇게 발라야 해요. 그런데 유약을 얇게 바르면 청자 표면에 그림을 그려도 깊은 울림을 주지 못했어요. 또 그림을 그려 넣은 부분이 높은 온도에서 쉽게 갈라져 버렸죠. 따라서 청자에는 그림을 그려 넣을 수 없다는 게 일반적인 생각이었어요.

하지만 고려 도공들은 그 상식을 과감히 깨뜨렸어요. 당시 고려는 금속 공예 기술이 아주 빼어났어요. 청동 그릇 표면에 무늬를 새기고 그 속에 은으로 만든 가는 실을 끼워 넣는 기술, 곧 상감과 입사 기법도 아주 뛰어났죠. 고려 도공들은 이 금속 공예 기술을 빌려 왔어요. 청자 표면에 조각칼로 밑그림을 새기고, 파인 홈에 다른 색깔의 흙을 메운 다음 유약을 발랐어요.

사실 고려청자가 빌려 온 상감 기법은 이미 메소포타미아의 초기 왕조 시대에 생겨난 문화입니다. 고대 이집트의 투탕카멘 묘에 들어 있던 의자와 상자에서도 상감 기법을 볼 수 있어요. 상감

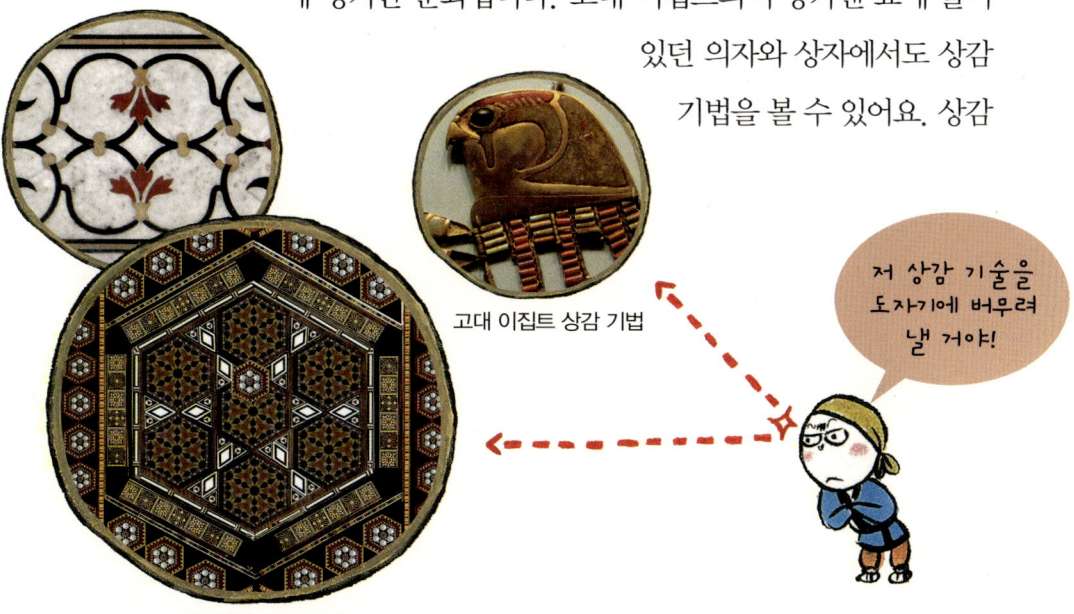

고대 이집트 상감 기법

아라비아 상감 기법

저 상감 기술을 도자기에 버무려 낼 거야!

청동은입사포류수금문정병
청자물가풍경무늬정병
청동 물병(왼쪽)의 모양과 문양을 그대로 본뜬 상감청자

기법은 중앙아시아와 중국을 거쳐, 우리나라에는 삼국시대 때 소개됐어요. 하지만 이 상감 기법을 도자기 만드는 데 적용한 건 고려 도공들이 최초예요.

그렇게 해서 신비로운 색깔과 아름다운 그림이 어울린 고려의 상감청자가 탄생했답니다. 고려 상감청자는 세계에서 가장 뛰어난 그릇으로 이름을 떨칩니다. 당시 멀리 아라비아와 유럽까지 알려질 정도였지요.

돌이켜 보면 청자를 만드는 기술도, 상감 기법도 다른 나라에서 들여온 기술이에요. 두 기술은 당시에 아무나 흉내 낼 수 없는 첨단 기술이었어요. 고려인들은 이걸 재빨리 받아들이고 익혀서 새로운 물건을 만들어 냈지요.

이 밖에도 우리 조상들은 다른 나라 문화를 받아들여 한결 빼어난 문화로 만들어 내곤 했어요. 그렇게 새로 만들어진 문화는 시간이 지나면서 어엿한 우리 전통 문화로 자리매김했지요. 다른 나라 문화를 무조건 좋아하거나 싫어하는 태도는 우리 문화를 발전시키는 데 도움이 되지 않아요. 훌륭한 부분은 받아들이고 부족한 부분은 걸러 내는 열린 마음과 균형 감각이 필요하지요.

알파벳으로 알파벳을 만들고

가장 많이 쓰이는 문자, 알파벳

    자기 생각과 느낌을 다른 사람에게 전달하는 가장 손쉽고도 일반적인 방법은 말이에요. 그런데 말은 입 밖으로 나오는 순간 바로 사라져 버려요. 또 멀리 떨어진 사람과는 말을 주고받을 수 없어요. 그래서 만든 것이 바로 글자(문자)입니다.

    문자는 기원전 3,000년쯤에 처음 생겨났어요. 그리고 오늘날에는 백 가지 정도 문자가 쓰이고 있고요. 한글도 그 가운데 하나로, 가장 과학적이고 쉬운 문자로 손꼽히지요. 그렇다면 가장 많은 사람들이 사용하는 문자는 무엇일까요?

문자는 무언가를 기록하는 것뿐만 아니라 생각을 깊이 있게 정리하고 많은 정보를 자유롭게 주고받을 수 있게 해주었어요. 문자가 발명되고 나서 인류는 비로소 문명의 시대로 접어들었답니다.

바로 알파벳이에요. 유럽과 아메리카를 비롯해서 아프리카에 있는 나라 대부분에서 알파벳을 쓰지요. 계산해 보면 세계 인구의 60퍼센트가량이 알파벳을 사용하고 있다는데, 그도 그럴 게 영어, 프랑스어, 독일어, 스페인어, 러시아어 등 말은 전혀 다른 언어들이 문자로 나타낼 때는 모두 알파벳으로 표기를 하니까요.

알파벳은 기원전 2,000년경에 생겨났는데 그때는 그림 문자에 가까웠다고 해요. 처음에는 글자 수가 여덟 개 정도였다가, 점점 늘어나고 다듬어져서 오늘날 스물여섯 개 알파벳 모양이 완성되었고요. 그러니까 한글처럼 한번에 완성된 모습을 갖추지는 않았어요. 그럼 알파벳이 어떻게 만들어지고, 어떻게 바뀌어 왔는지 좀 더 알아볼까요?

이집트 그림문자와 알파벳

고고학자들은 고대 이집트 유적에서 기원전 2,000년경에 만들어진 돌조각을 발견하고는 깜짝 놀랐어요. 돌조각에 새겨진 기호 몇 개가 이집트 문자와 닮은 듯하면서도 달랐거든요. 고대 이집트에서는 사물의 모양을 본떠 만든 그림문자(상형문자)가 쓰였는데, 그 기호들은 소리, 그러니까 언어를 표시하는

글자로 보였어요. 고고학자들은 연구 끝에 이 기호를 새긴 사람들이 시나이반도에서 건너온 노예들이라는 사실을 밝혀냈어요.

시나이반도에서 살던 사람들은 이 기호를 더욱 발전시켜서 기원전 1,800년경에 23~25개로 된 글자 체계를 만들었어요. 고대 이집트의 그림문자를 바탕으로 소리를 표시하는 문자를 만든 거예요. 예를 들어 시나이 사람들은 소를 '알레프'라고 불렀는데, 이집트 그림문자에서 오늘날의 앞파벳 A와 유사한, 소머리를 뜻하는 기호(✤)를 빌려 온 다음 그 뜻(소머리)은 버리고 '알레프'라는 음을 나타내는 데에만 사용했어요.

시나이 문자는 북페니키아(오늘날 레바논)까지 알려졌어요. 페니키아 사람들은 이걸 바탕으로 다시 자신들의 글자를 만들었어요. 기원전 1,500년경에 만들어진 페니키아 문자는 모두 스물두 개였지요. 페니키아 문자는 페니키아를

101

크게 발전시켰어요. 당시 페니키아 사람들은 주로 해양 무역을 했는데, 이 문자로 어떤 물건을 어디에서 누구에게 얼마에 사고팔았는지 간단하고 또렷하게 기록할 수 있었거든요. 그러니 당연히 다른 나라 사람들보다 장사를 잘할 수 있었고 지중해 무역을 주름잡게 되었답니다. 페니키아 문자는 북아프리카와 유럽으로 널리 퍼져 갔고, 그리스 문자와 라틴 문자를 탄생시키는 젖줄이 되었답니다. 말하자면 페니키아 문자는 알파벳의 출발점이었지요. '알파벳'이라는 단어도 고대 페니키아 사람들이 쓰던 '알레프'와 '베트'를 연달아 읽은 소리에서 비롯되었지요.

유럽으로 건너간 알파벳

기원전 800년경, 고대 그리스 사람들은 페니키아 문자를 적극적으로 받아들였어요. 그러고는 그리스 문화에 어울리게 글자 모양을 바꾸고, 덧붙여 스물네 개의 문자를 만들었어요. 그들은 글자 모양뿐만 아니라 글자 체계도 바꾸었어요. 예를 들어 페니키아 문자는 자음밖에 표기할 수 없었는데, 그리스어에는 모음이 필요했기 때문에 몇 가지 글자를 바탕으로 모음 문자를 만들었

그리스는 페니키아 문자를 적극적으로 받아들여서 자기 문화에 맞게 다듬었어요. 이를 바탕으로 빼어난 문명을 꽃피웠지요.

어요. 그리고 글을 쓰는 방향도 왼쪽에서 오른쪽으로 쓰기 시작했고요. 이 문자를 바탕으로 그리스는 역사상 유래를 찾기 힘든 빼어나고 빛나는 문화를 이루었지요.

기원전 200년경, 로마 사람들도 재빨리 그리스 문자를 받아들였어요. 그리스 문자 가운데 몇 개를 버리고, 새로 넣어서 스물세 개의 로마(라틴) 문자를 완성했지요. 그 뒤 로마는 지중해뿐만 아니라 유럽 전체와 아프리카, 아시아 지역까지 영토를 넓혔어요. 로마의 지배를 받은 나라에 로마 문자가 얼마나 많은 영향을 주었는지는 따로 말할 필요가 없겠죠?

이렇듯 알파벳은 오랜 시간에 걸쳐 다양한 문화를 만나며 서서히 바뀌어 왔답니다. 돌이켜 보면 알파벳은, 아프리카에서 시작되어 아시아에서 기본 뼈대가 만들어지고 유럽에서 완성된 문자예요. 그야말로 세 개 대륙의 문화가 한데 모여 만든 결과물이죠. 알파벳은 다시 로마를 비롯한 유럽의 여러 나라 문화와 함께 아프리카, 아시아, 그리고 아메리카로 퍼져 나갔어요. 이렇게 해서 알파벳은 세계에서 가장 널리 쓰이는 문자가 되었답니다.

고대 로마제국은 유럽을 넘어 아프리카, 아시아까지 세력을 뻗어 나갔어요. 로마 문자도 당연히 전파되었고요. 이때부터 알파벳은 세계의 문자로 자리 잡았습니다.